UNOFFICIAL ROBLOX GUIDE BOOK

HP:

YOU WIN!

즐기며 시작하는 첫 로블록스 게임 제작!

로블록스 타워 만들기

ROBLOX GAME

LEVEL UP!

META VERSE

TOWER MAP

CODING

노페어(Nofair) 저

DIGITAL BOOKS
디지털북스

KB134748

즐기며 시작하는 첫 로블록스 게임 제작!

로블록스 타워맵 만들기

| 만든 사람들 |

기획 IT·CG기획부 **| 진행** 장우성 · 박소정 **| 집필** 노페어(Nofair) **|**
표지 디자인 원은영 · D.J.I books design studio **| 편집 디자인** 이기숙 · 디자인숲

| 책 내용 문의 |

도서 내용에 대해 궁금한 사항이 있으시면
저자의 홈페이지나 디지털북스 홈페이지의 게시판을 통해서 해결하실 수 있습니다.

디지털북스 홈페이지 digitalbooks.co.kr
디지털북스 페이스북 facebook.com/ithinkbook
디지털북스 인스타그램 instagram.com/digitalbooks1999
디지털북스 유튜브 유튜브에서 [디지털북스] 검색
디지털북스 이메일 djibooks@naver.com
저자 이메일 nuti2002@naver.com
저자 유튜브 유튜브에서 [노페어] 검색

| 각종 문의 |

영업관련 dji_digitalbooks@naver.com
기획관련 djibooks@naver.com
전화번호 (02) 447-3157~8

| 머리말

게임을 즐겨하는 사람에게도 게임 제작과 코딩은 다른 세계 이야기처럼 느껴지곤 합니다. 일반적으로 게임을 만드는 개발자와 게임을 플레이하는 유저는 완전히 분리되어 있죠.

로블록스는 다릅니다. 로블록스 스튜디오를 통해 누구나 로블록스 게임을 제작할 수 있습니다. 게임 유저가 개발자가 되기도 하며 개발자들도 게임을 즐기는 유저이기도 한 게임이 로블록스입니다.

로블록스가 우리나라에서 유행하면서 가장 활발히 제작된 게임 장르가 타워입니다. 맨 아래층에서 시작해서 장애물 코스를 통과하며 한 층씩 오르는 게임으로, 플레이하기도 간단하고 제작 난도도 단순하여 많은 유저들과 개발자들에게 사랑 받고 있습니다.

이 책은 게임 제작 준비부터 시작해서, 자연스럽게 배우기 어려운 부분들에 집중하여 타워 게임을 구성하는 여러 요소들을 만드는 방법을 알려줍니다. 책 내용을 따라가며 레벨 디자인, UI 디자인, 코딩 등에 익숙해진다면 훗날 더 나이가 로블록스 밖의 디자인이나 코딩에도 쉽게 재미를 붙일 수 있습니다.

코딩 공부의 첫걸음을 로블록스 타워맵 만들기를 통해 떼어보세요!

노페어(Nofair) 드림

차례

이 책의 구성 및 활용법

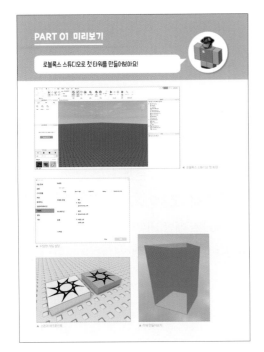

파트 미리보기

각 파트의 학습 목표는 무엇이고 어떤 것을 만들어볼지 미리 알 수 있도록 정리하였습니다.

이론 구성

로블록스 스튜디오의 인터페이스를 소개하거나 실습을 진행하기 전에 알아둘 정보를 정리하였습니다.

학습키워드 게임 설정, 저장, 테스트, 탐색기, 속성, 출력, 도구 상자

학습 키워드를 이용하여 챕터에서 학습할 내용은 무엇인지 가볍게 훑어보고, 학습을 마친 후이 키워드 목록을 확인하며 내가 잘 이해했는지점검할 수 있습니다.

실습 구성

게임맵을 만드는 작업 동선을 하나씩 따라갈수 있도록 번호를 붙여 따라하기 방식으로 구성하였습니다

이론이나 실습 중간에 놓치기 쉽거나 상세한 설명이 필요한 내용, 참조할 점은 보충 설명으로보완하였습니다.

학습에 도움을 주는 정보

실습을 따라하다 보면 이와 같은 콘텐츠가 종종 등장합니다.

학습의 핵심이 되는 정보나 추가로 알아두면 유용한 정보, 주의할 점을 정리하였습니다.

로블록스 스튜디오 TIP!　　　　**NOTE**

고수들을 위한 TIP!　　　　**주의**

이 책의 게임을 직접 플레이하기

이 책을 따라하며 만드는 타워 점프맵을 직접 만날 수 있습니다. 실습에서 다룬 모든 모델, GUI, 스크립트를 그대로 구현하였으니, 이 게임을 복사하여 플레이해보고 나만의 방식으로 편집하며 또 다른 게임맵을 만들어보세요.

(※ 타워 점프맵 게임 링크는 PART 04에서 확인할 수 있습니다.)

다양한 학습 자료 제공 및 커뮤니티 안내

이 책의 마지막 파트에는 다양한 학습 자료를 얻는 방법이나 로블록스와 관련한 질문을 해결하는 방법을 안내합니다. 이 책에 담지 못한 정보들을 얻어갈 수 있으니 꼭 참고해보시길 바랍니다.

작가 유튜브 채널(youtube.com/@nofair)에서는 다양한 강좌를 만나볼 수 있습니다.
특히 스크립트 기초 강좌는 로블록스 게임 제작에 대한 이해를 높이고 실력을 키우는 데 도움이 됩니다.

로블록스 스튜디오
들어가기

이 책으로 로블록스 게임 제작을 시작하는 여러분을 진심으로 환영합니다. 게임 제작에 대한 흥미를 잃지 않고 꾸준히 재미를 붙일 수 있도록, 초심자도 따라할 수 있고 다른 장르의 게임에도 응용하기 좋은 '타워맵'을 준비하였습니다.

이번 파트에서는 로블록스 스튜디오의 기본 조작법을 익힌 후 타워맵의 기초인 타워를 건설하는 방법을 알아보겠습니다.

Contents ▶▶▶

PART 01 미리보기

로블록스 스튜디오로 첫 타워를 만들어보아요!

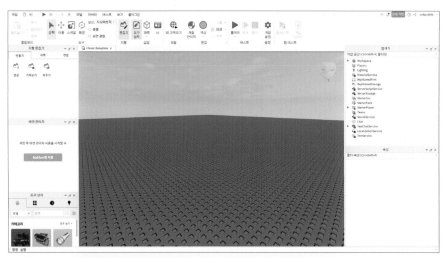

▲ 로블록스 스튜디오 첫 화면

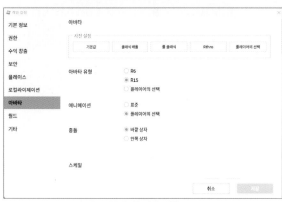

▲ 다양한 게임 설정

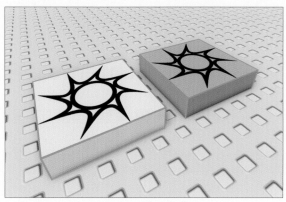

▲ 스폰과 체크포인트

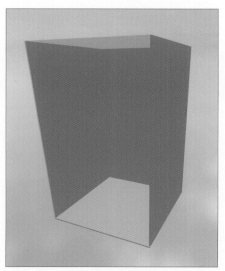

▲ 타워 만들어보기

로블록스 스튜디오

학습 키워드 게임 설정, 저장, 테스트, 탐색기, 속성, 출력, 도구 상자   **CHAPTER 01**

 ## 로블록스 스튜디오 다운로드하기

모든 로블록스 게임은 로블록스 스튜디오를 이용해 만듭니다. 로블록스 스튜디오는 다음 링크에서 다운로드할 수 있습니다. (모바일판 로블록스 스튜디오는 없으며, 반드시 PC에서 다운로드해야 합니다.)

[로블록스 스튜디오 링크] create.roblox.com

위 링크를 들어갔을 때 아래와 같은 창이 나타난다면 파란색의 **체험 만들기** 버튼을 클릭해 로블록스 스튜디오를 다운로드하거나 실행합니다.

혹은 위 링크를 들어갔을 때 다음과 같은 창이 나타난다면 파란색의 **만들기 시작하기** 버튼을 클릭해 로블록스 스튜디오를 다운로드하거나 실행합니다(다음 쪽 그림 참조).

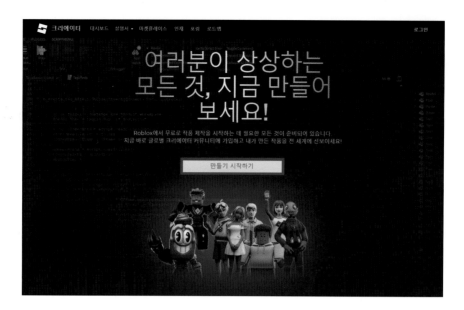

스튜디오 다운로드가 끝났다면 바탕화면에서 다음과 같은 아이콘을 볼 수 있습니다. 여기서 언제든지 로블록스 스튜디오를 실행할 수 있습니다.

② 새 게임 생성하기

01 로블록스 스튜디오를 처음 실행하면 오른쪽과 같은 화면이 나옵니다.

◪ 실행 도중에 로그인 창이 나타나면 로블록스 아이디로 로그인하면 됩니다.

02 여기서 **Classic Baseplate**를 선택합니다.

Classic Baseplate

03 Classic Baseplate에 들어온 모습입니다. 바로 왼쪽 위의 **파일** 버튼을 클릭합니다.

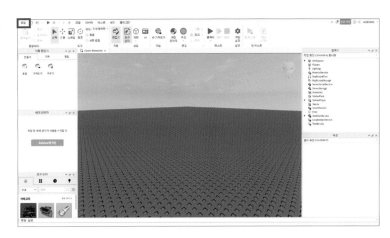

04 **Roblox에 게시** 버튼을 클릭해 새 게임을 게시합니다.

새로 만들기	Ctrl+N
파일에서 열기...	Ctrl+O
Roblox에서 열기...	Ctrl+Shift+O
플레이스 닫기	Ctrl+F4
파일에 저장	
다른 이름으로 파일에 저장...	Ctrl+Shift+S
Roblox에 저장	
다른 이름으로 Roblox에 저장...	
Roblox에 게시	**Alt+P**
다른 이름으로 Roblox에 게시...	Alt+Shift+P
고급 ▶	
게임 설정...	
Studio 설정...	Alt+S
베타 기능	
온라인 도움말...	F1
Roblox Studio 정보	

05 게임의 기본 정보를 입력하는 창이 열립니다. 입력을 마쳤다면 오른쪽 아래 **만들기** 버튼을 눌러 게임을 게시합니다.

❶ **이름**: 게임 제목입니다. 나중에 수정 가능합니다.

❷ **설명**: 게임 설명입니다. 나중에 수정 가능합니다.

❸ **크리에이터**: 게임 소유자입니다. 본인 혹은 본인이 속한 그룹으로 설정할 수 있습니다.

❹ **장르**: 게임 장르입니다. 점프맵은 일반적으로 **모험**이지만 따로 설정하지 않아도 무방합니다.

❺ **기기**: 게임을 플레이할 수 있는 기기입니다. 점프맵은 어떤 기기에서라도 문제없이 플레이할 수 있기에 모든 기기를 허용해주는 것이 좋습니다.

❻ **팀 제작**: 친구와 같이 게임을 만들 수 있게 해주는 기능입니다.

로블록스 스튜디오 TIP! 콘솔을 체크할 경우

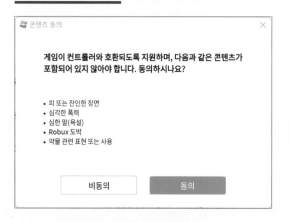

기본 정보의 '기기' 항목에서 콘솔은 엑스박스 (Xbox) 등에서 쓰이는 게임패드를 의미합니다. 콘솔을 선택하고 게임 콘텐츠를 만들 경우에는 다음 조건을 만족해야 합니다.

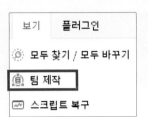

팀 제작을 활성화하면 친구들과 함께 맵을 만들 수 있습니다. 다만 스튜디오에서 맵을 로딩하는 데 시간이 걸리니, 혼자 맵 제작을 할 때는 팀 제작을 껐다가 나중에 켜는 편이 좋습니다. 팀 제작 활성 여부는 상단 메뉴의 보기 → 팀 제작에서 설정할 수 있습니다.

06 게임 게시가 끝났다면 상단 메뉴 **홈**으로 와서 **게임 설정** 버튼을 클릭합니다.

07 게임 설정 창이 열리면 **아바타** 탭을 클릭해주세요.

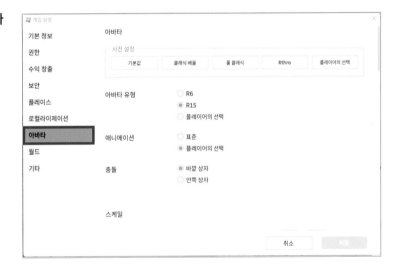

08 아바타 유형을 **R6**으로 설정합니다.

로블록스 스튜디오 TIP! 점프맵 게임에는 R6 아바타를 권장합니다

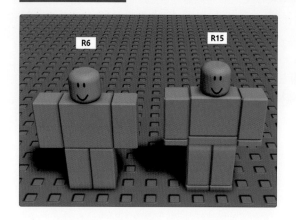

R15 아바타는 파트 15개, R6 아바타는 파트 6개로 이루어져 있습니다. R6에 비해 R15는 복잡한 구조를 가지다 보니 물리적 버그가 많습니다. 따라서 점프맵 게임에서는 R6 아바타가 적절합니다.

09 오른쪽 아래 **저장** 버튼을 눌러 **게임 설정**을 저장합니다.

10 **예**를 클릭합니다.

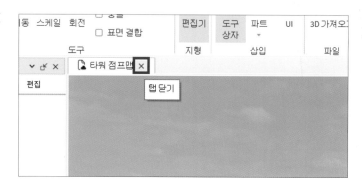

11 게임 설정이 끝났으면 왼쪽 위의 X 버튼을 눌러 스튜디오 홈으로 돌아갑니다.

12 스튜디오 홈에서 **내 게임**으로 들어간 후 생성한 게임을 찾아주세요. 게임 아이콘 오른쪽 위의 **점 3개** 아이콘을 클릭하고 설정 목록 중 **공개로 설정**을 클릭해주세요.

13 아이콘 하단에 비공개라고 쓰였던 글자가 **공개**로 바뀌었습니다.

◇ 모든 게임은 처음에는 제작자 본인만 플레이할 수 있으며, 이렇게 공개로 바꾸어야 다른 플레이어들도 플레이할 수 있습니다.

로블록스 스튜디오 TIP!   게임 정보 수정 및 프로필에 게임 추가

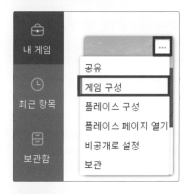

게임 구성을 클릭하면 게임 설정을 변경할 수 있는 페이지로 이동합니다. 게임 이름이나 설명을 수정하고 싶다면 여기로 들어가면 됩니다.

플레이스 페이지 열기를 클릭하면 게임 페이지로 이동할 수 있습니다.

(다음 쪽에 TIP 계속)

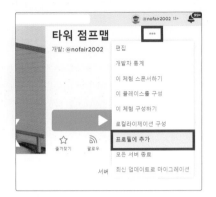

게임 페이지에서 오른쪽 위의 **점 3개** 아이콘을 클릭하고 **프로필에 추가**를 선택해주세요.

몇 분 정도 지나면 자신의 프로필에서 작품 탭에 게임이 올라옵니다.

 # 스튜디오 인터페이스 만나보기

게임을 본격적으로 제작하기 전에, 로블록스 스튜디오의 기본 조작법과 주요 메뉴를 몇 가지 알아봅시다. 특히 주요 메뉴는 알아두면 정말 편리하니 조금 지루하더라도 꼭 짚고 넘어가길 바랍니다.

먼저 방금 생성한 게임을 다시 열어보겠습니다. 게임 아이콘을 클릭하고 잠시 기다려주세요.

로블록스 스튜디오 맵을 처음 열면 아래와 같은 모습입니다.

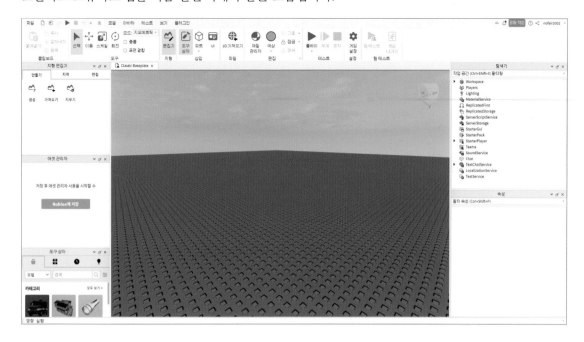

로블록스 스튜디오의 기본 조작키는 **W/A/S/D/Q/E**로, 로블록스 게임과 비슷합니다.

또한 **마우스 우클릭 → 드래그**로 카메라를 회전할 수 있고, **마우스 스크롤**로 카메라를 앞뒤로 빠르게 움직일 수 있습니다. Shift 를 꾹 누른 상태에선 카메라 이동 속도가 느려집니다.

이제 로블록스 스튜디오의 주요 메뉴를 살펴보겠습니다.

파일 메뉴

먼저 만나볼 것은 파일 메뉴입니다. 지난 유닛에서 우리는 이 메뉴를 열어 게임을 게시했습니다. 앞으로 게임을 저장하고 업데이트할 때도 파일 메뉴를 열면 됩니다.

◈ 파일 메뉴의 주요 기능에 대한 설명은 다음 쪽을 참조하세요.

아래는 **파일** 메뉴에서 주로 이용하는 기능입니다.

- **파일에 저장, 다른 이름으로 파일에 저장**: 맵의 복사본을 컴퓨터에 파일로 저장합니다. 로블록스 서버에는 저장되지 않습니다.
- **Roblox에 저장**: 만든 맵을 로블록스 서버에 저장합니다. 가장 일반적으로 쓰이는 저장 방법입니다. 이렇게 저장된 맵은 다시 스튜디오를 켰을 때 바로 이어서 할 수 있습니다. 단, **실제 게임은 업데이트되지 않습니다.**
- **Roblox에 게시**: 만든 맵을 로블록스 게임으로 업로드합니다. 로블록스 스튜디오에도 저장되며, **실제 게임도 업데이트됩니다.**
- **다른 이름으로 Roblox에 저장/게시**: 만든 맵을 다른 게임에 저장합니다. 맵을 다른 게임으로 옮기고 싶을 때 주로 사용합니다.

> ⬙ Ctrl + S 단축키를 누르면 마지막에 저장한 방식으로 저장됩니다. 오류가 발생할 때를 대비해서 꼬박꼬박 단축키를 눌러 진행 내용을 저장합시다.

파일 메뉴 오른쪽에는 각종 아이콘과 상단 메뉴의 각 탭이 보입니다.

아이콘

❶ **되돌리기**: 실행 취소한 것을 되돌립니다. Ctrl + Y 혹은 Ctrl + Shift + Z 단축키입니다.

❷ **플레이**: 테스트를 실행합니다. F5 단축키입니다.

❸ **정지**: 실행 중인 테스트를 중단합니다. Shift + F5 단축키입니다.

❹ **실행 취소**: 방금 했던 행동을 취소하고 이전 상태로 돌아갑니다. 예를 들어, 파트를 삭제한 후 실행 취소하면 파트를 삭제하기 전으로 돌아갑니다. Ctrl + Z 단축키입니다.

상단 메뉴

❶ **홈**: 자주 쓰이는 스튜디오 기능을 한 곳에 모았습니다.

❷ **모델**: 파트와 모델을 다룹니다. 건축할 때 사용합니다.

❸ **아바타**: 아바타 캐릭터 모델을 다룹니다. 리그, 장신구, 애니메이션 등의 메뉴가 있습니다.

❹ **테스트**: 만든 맵을 테스트할 때 사용합니다.

❺ **보기**: 화면 양쪽으로 보이는 창들을 관리합니다.

❻ **플러그인**: 게임 제작에 도움을 주는 플러그인을 관리하고 사용합니다.

이제부터는 상단 메뉴 중 주요한 것만 골라서 하나씩 살펴보겠습니다.

테스트 메뉴

❶ 플레이 세부 항목

- **플레이**: 만든 게임을 실제 게임에서처럼 플레이해볼 수 있습니다.
- **여기서 플레이**: 플레이와 똑같지만, 현재 바라보는 위치에 캐릭터가 생성됩니다.
- **실행**: 캐릭터가 생성되지 않으며, 게임 서버만 실행됩니다. 스크립트만 테스트할 때 많이 쓰입니다.

❷ 시작: 실행 시간은 오래 걸리지만, 훨씬 실제 게임에 가까워 정확한 테스트입니다. 서버와 플레이어 시점 양쪽을 동시에 볼 수 있으며, 한 번에 2명 이상의 플레이어로 테스트할 수 있어 플레이어 간 상호작용을 테스트할 때 유용합니다.

❸ 기기: 모바일, 태블릿 등 다른 기기에서 플레이했을 때 모습을 볼 수 있습니다. GUI를 다룰 때 자주 사용합니다.

❹ 플레이어: 다른 지역이나 다른 연령대의 플레이어가 플레이했을 때를 테스트할 수 있습니다. 게임 번역 상태 등을 확인할 때 유용합니다.

❺ 음소거: 게임 소리를 음소거할 수 있습니다.

보기 메뉴

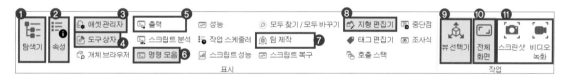

❶ 탐색기: 파트와 모델 등 맵을 구성하는 모든 개체의 목록을 보여줍니다.

❷ 속성: 선택한 개체의 속성을 보여줍니다. 예를 들어 파트를 선택하면 파트의 색깔, 재질, 크기 등을 보거나 편집할 수 있습니다.

❸ 애셋 관리자: 이 게임의 플레이스, 업로드된 이미지, 오디오, 플러그인 등을 한 번에 모아볼 수 있습니다. 다중 플레이스와 여러 애셋을 사용하는 게임에 유용하게 쓰입니다.

❹ 도구 상자: 다른 사람들 혹은 본인이 업로드한 모델, 오디오, 이미지, 플러그인, 애니메이션 등을 검색해 찾을 수 있습니다. 영어 명칭인 **툴박스(Toolbox)**라고 부르기도 하며, 여기서 가져온 무료 모델을 **프리모델**이라고 부르기도 합니다.

❺ 출력: 스튜디오 오류, 알림사항, 스크립트 에러 등 여러 메시지를 띄워주는 창입니다.

❻ 명령 모음: 스크립트 코드를 입력해 곧바로 실행할 수 있습니다. **커맨드 바**(Command Bar)라고 부르기도 합니다.

❼ 팀 제작: 친구와 같이 게임을 만들 수 있는 기능입니다. 창을 열어 팀 제작을 켤 수 있습니다.

❽ 지형 편집기: 현실과 가까운 느낌의 지형을 만들 수 있습니다. 여기서 만들어진 지형은 **테레인(Terrain)**이라고 부르기도 합니다.

❾ 뷰 선택기: 좌표에서 x, y, z축의 방향을 보여줍니다.

❿ 전체 화면: 창 모드와 전체 화면 모드를 전환합니다.

⓫ 스크린샷/비디오 녹화: 스튜디오 화면을 캡처하거나 녹화합니다. 이때 스튜디오 창이나 메뉴 등은 캡쳐 또는 녹화되지 않습니다.

주요 메뉴 설명은 여기까지 다루고, 다른 메뉴는 나중에 실습을 하면서 하나씩 알아보겠습니다. 참고로 로블록스 스튜디오의 창 배치는 수정할 수 있는데 저는 다음과 같이 배치했습니다.

기본 창 설정에서 **지형 편집기와 애셋 관리자** 등 사용하지 않을 창은 종료했고, 대신 **출력** 창을 새로 켰습니다. 왼쪽부터 **출력, 도구 상자, 탐색기, 속성** 창을 배치했고 맨 아래에 **명령 모음**을 두었습니다.

> ⬜ 창을 배치하는 방법은 다음 쪽의 '로블록스 스튜디오 TIP'을 참조해주세요.

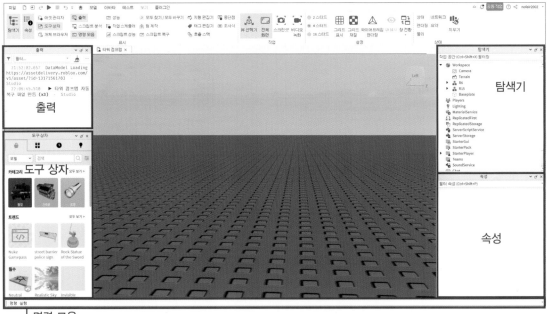

로블록스 스튜디오 TIP! 창 배치하기

보기 메뉴에서 띄운 창은 상단을 클릭한 채 드래그해서 옮길 수 있습니다. 화면 한쪽 끝이나 다른 창 쪽으로 드래그하면 오른쪽 예시와 같이 창의 위치를 어디로 할지 고를 수 있게 됩니다.

예시처럼 출력 창을 배치하고 싶다면, 출력 창을 도구 상자로 드래그한 후 상단 화면 아이콘에 마우스 커서를 놓고 떼면 됩니다.

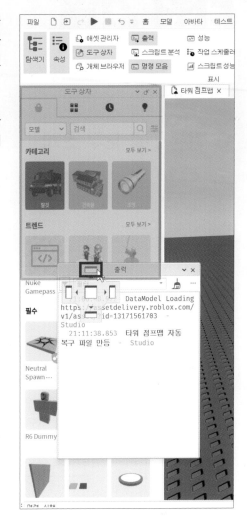

타워 건설

기본 건축 도구 소개

이번 책에서 우리가 만들 것은 타워맵 게임입니다. 타워를 만들기 위해서는 아래와 같은 모델 메뉴를 이용합니다. 그럼 **모델** 메뉴의 주요 기능들을 섹션별로 알아보겠습니다.

도구 섹션

❶ **선택 도구**: 파트를 이리저리 드래그할 수 있고, 파트와 파트를 면끼리 붙일 때 유용하게 쓸 수 있습니다.

❷ **이동 도구**: 파트 주변에 나타나는 6개의 화살표를 드래그해 파트를 직선으로 움직입니다. 파트를 공중에 띄우거나 다른 파트와 겹칠 때 특히 더 유용한 도구입니다.

❸ **스케일 도구**: 파트 주변에 나타나는 6개의 구를 드래그해 파트 크기를 조절합니다. 최대 크기는 2048 스터드입니다.

❹ **회전 도구**: 파트 주변에 나타나는 3개의 원을 돌려가며 파트를 회전합니다.

❺ **충돌**: 이 항목이 켜진 상태라면 파트끼리 통과시킬 수 없습니다. 꺼두는 것이 좋습니다.

❻ **표면 결합**: 이 항목이 켜진 상태라면 표면이 붙은 파트끼리 자동으로 Weld 개체를 생성합니다. 꺼두는 것이 좋습니다.

그리드에 맞추기 섹션

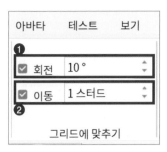

❶ **회전**: 회전 도구의 **한 번에 회전하는 각의 크기**를 설정합니다.

❷ **이동**: **이동 도구**와 **크기 도구**의 스터드 크기를 설정합니다.

🔲 각 항목 왼쪽의 체크 박스를 끄면 입력된 크기를 무시하고 파트가 매우 부드럽게 움직입니다. 파트를 미세하게 이동하거나 파트 두께를 얇게 하고 싶을 때 이용하면 좋습니다.

NOTE 스터드란?

스터드는 로블록스에서 쓰이는 길이 단위입니다. 예를 들어 가로와 세로가 1스터드인 정사각형은 다음 이미지와 같습니다.

▲ Classic Baseplate에서 스터드

▲ Baseplate 또는 그리드 레이아웃에서 스터드

피벗 섹션

❶ **피벗 편집**: 선택한 파트의 피벗을 편집할 수 있습니다.

❷ **맞추기**: 이 항목을 체크하면 피벗을 편집할 때 파트의 각 꼭짓점과 모서리 중앙에 피벗을 자동으로 맞춰줍니다.

❸ **재설정**: 피벗을 초기화합니다. 다시 파트의 정중앙으로 피벗이 설정됩니다.

🔲 이 설명만으로는 피벗 섹션의 기능들을 이해하기 어려우실 겁니다. 이들을 실제로 어떻게 이용하는지 알고 싶다면 다음 쪽의 설명을 참조해보세요.

파트를 생성한 후 **피벗 편집**을 활성화하면 다음과 같이 화살표가 나타납니다. 그 상태에서 화살표를 움직여 **피벗 위치를 변경**할 수 있습니다.

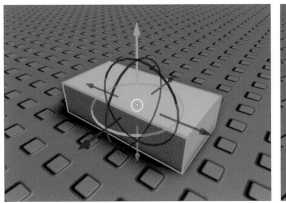 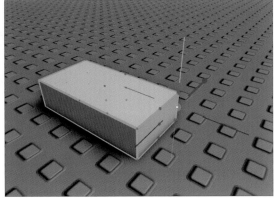

피벗 편집을 끄고 **회전 도구**를 선택하면 설정한 피벗을 축으로 **파트를 회전**시킬 수 있습니다. **이동 도구**나 **스케일 도구**에도 활용 가능합니다.

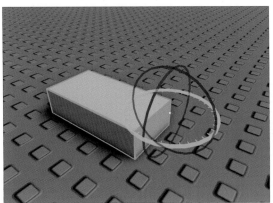 

재설정을 누르면 **피벗이 초기화**되며 정중앙으로 되돌아옵니다.

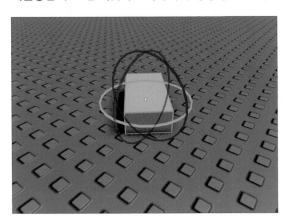

파트 섹션

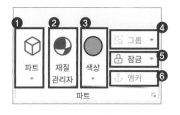

❶ **파트**: 파트를 생성합니다. 버튼 아래 화살표를 눌러 다양한 모양의 파트를 생성할 수 있습니다.

❷ **재질 관리자**: 파트의 재질을 설정하는 창을 열어줍니다.

❸ **색상**: 파트의 색을 설정합니다. 버튼 아래 화살표를 눌러 다양한 색을 확인할 수 있습니다.

❹ **그룹**: 선택한 파트들을 모델/폴더로 묶거나, 묶인 것을 풀 수 있습니다.

❺ **잠금**: 잠금 도구를 활성화합니다. 잠금 도구로 클릭한 파트는 잠김 상태가 되며, 잠긴 파트는 선택 도구로 선택이 되지 않습니다.

❻ **앵커**: 선택한 파트를 앵커합니다. 앵커된 파트는 그 자리에서 고정되어 중력 등의 물리에 영향을 받지 않습니다.

▱ 앞으로도 앵커라는 표현을 자주 쓸 텐데 '고정'한다는 뜻으로 이해하시면 됩니다.

NOTE 파트에 관한 기능

파트에 **마우스 우클릭**을 하면 파트에 관한 기능들을 살펴볼 수 있습니다. 자주 사용되는 것만 몇 가지 알아보겠습니다.

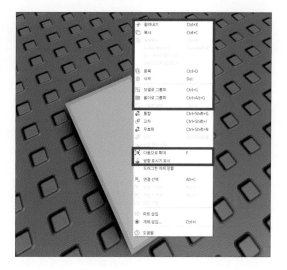

- **잘라내기**: 파트/모델을 현재 위치에서 잘라냅니다. 이후 붙여넣기로 붙여넣을 수 있습니다.
- **복사**: 파트/모델을 복사합니다. 이후 붙여넣기로 붙여넣을 수 있습니다.
- **붙여넣기**: 잘라내거나 복사한 파트/모델을 붙여넣습니다.
- **다음에 붙여넣기**: 선택한 파트/모델 안에 복사한 것을 붙여넣습니다. 복사한 파트를 모델 안에 넣거나 효과를 파트 안에 붙여넣는 등의 경우에 사용합니다.
- **중복**: 파트를 그 자리에 복제합니다. 충돌이 켜져 있으면 원래 파트 위에 새 파트가 얹어집니다.
- **삭제**: 선택한 파트를 삭제합니다.
- **모델로 그룹화**: 선택한 파트들을 모델로 묶습니다.
- **폴더로 그룹화**: 선택한 파트들을 폴더로 묶습니다.
- **그룹화 해제**: 선택한 모델의 묶음을 풉니다.
- **다음으로 확대**: 선택한 파트에 카메라를 고정시킵니다. w/a/s/d로 카메라를 움직이면 고정 상태가 풀립니다.
- **방향 표시기 표시**: 선택한 파트의 정면 방향을 보여줍니다.

로블록스 스튜디오 TIP!　파트 다중 선택하기

Shift 키를 꾹 누른 채로 파트를 클릭하면, 파트 선택이 유지되며 여러 파트를 동시에 선택할 수 있습니다. 이 상태에서 파트 선택을 취소하고 싶다면 Shift 키를 꾹 누른 채로 선택된 파트를 다시 클릭하면 됩니다.

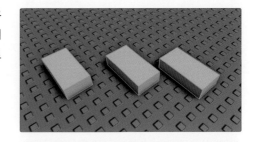

마우스 클릭, **드래그**로 상자를 그려 상자 안의 파트를 한 번에 선택할 수도 있습니다. 단, 벽 뒤에 다른 파트가 있으면 같이 선택될 수 있으니 조심하세요!

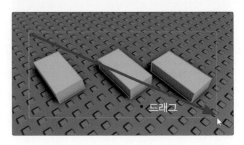

탐색기에서도 이와 같은 방법으로 파트를 선택할 수 있습니다. 파트 하나를 선택하고, Shift 키를 꾹 누른 채로 다른 파트를 클릭하면 그 사이의 모든 파트가 한꺼번에 선택됩니다.

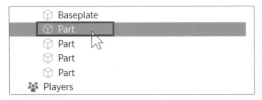
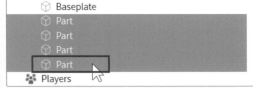

개별 파트만 선택하거나 선택을 해제하고 싶을 땐 Ctrl 키를 꾹 누른 채로 파트를 클릭하면 됩니다.

선택된 파트들은 한몸으로 움직입니다. 원래 선택했던 파트는 자동으로 선택 해제되고 **복사/붙여넣기/삭제** 등도 한 번에 가능합니다!

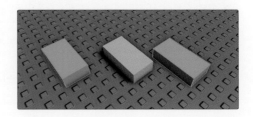

로블록스 스튜디오 TIP!　단축키

로블록스 스튜디오에는 정말 다양한 기능이 있는데요. 각 기능에 더욱 쉽게 접근할 수 있도록 단축키가 마련되어 있습니다.

버튼 여러 개로 구성된 단축키가 주로 있는데요. 이를테면 Ctrl + V로 구성된 단축키는 Ctrl 키를 꾹 누른 상태에서 V 키를 누르는 식으로, Ctrl + Shift + V로 구성된 단축키는 Ctrl 키와 Shift 키를 동시에 꾹 누른 상태에서 V 키를 누르는 식으로 사용합니다. 다음에 정리한 각 기능의 단축키를 참조해보세요.

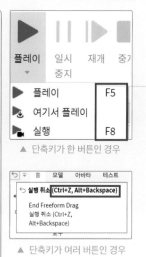

✂	잘라내기	Ctrl+X
📋	복사	Ctrl+C
📋	붙여넣기	Ctrl+V
	다음에 붙여넣기	Ctrl+Shift+V
	원래 위치에 붙여넣기	
	원래 위치에 붙여넣기	
⊞	중복	Ctrl+D
🗑	삭제	Del
	모델로 그룹화	Ctrl+G
📁	폴더로 그룹화	Ctrl+Alt+G
	그룹화 해제	Ctrl+U
	통합	Ctrl+Shift+G
	교차	Ctrl+Shift+I
	무효화	Ctrl+Shift+N
	분리	Ctrl+Shift+U
	하위 항목 선택	
	다음으로 확대	F
	방향 표시기 표시	
	드래그한 개체 정렬	
	연결 선택	Alt+C
	연결 0 선택	Alt+1
	연결 1 선택	Alt+2
	첨부 스왑	
📦	파트 삽입	
◎	개체 삽입...	Ctrl+I
❓	도움말	

▲ 단축키가 한 버튼인 경우

▲ 단축키가 여러 버튼인 경우

다음은 로블록스 스튜디오에서 자주 쓰이는 대표적인 단축키들을 정리한 것입니다.

- **실행 취소 (Ctrl + Z)**: 방금 했던 행동을 취소합니다
- **되돌리기 (Ctrl + Y)**: 실행 취소 했던 것을 되돌립니다
- **복사 (Ctrl + C)**
- **붙여넣기 (Ctrl + V)**
- **중복 (Ctrl + D)**
- **앵커 (Alt + A)**
- **삭제 (Del)**

- **선택 도구 (Ctrl + 1)**
- **이동 도구 (Ctrl + 2)**
- **크기 도구 (Ctrl + 3)**
- **회전 도구 (Ctrl + 4)**
- **전체 화면 (F11 또는 Alt + F11)**
- **테스트 (F5)**
- **화면 녹화 (F12)**

NOTE 단축키 사용하기

단축키를 사용하는 예시로 중복([Ctrl] + [D]) 기능을 적용하는 과정을 보여드리겠습니다.

01 파트를 하나 선택합니다. (복제된 것이 눈에 띄도록 반투명한 파트로 준비했습니다.)

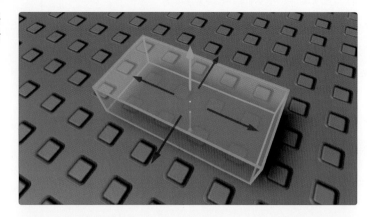

02 선택된 상태에서 [Ctrl] 키를 꾹 누르고 [D]를 누릅니다.

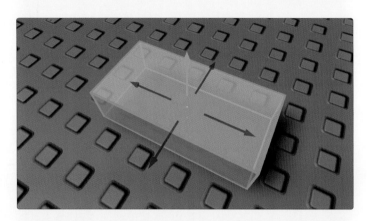

03 파트가 그 자리에 복제되었습니다.

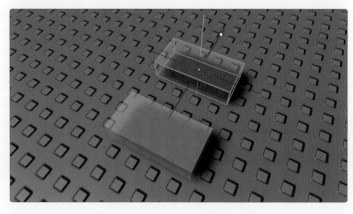

🔹 중복을 사용하면, 자동으로 원래 선택했던 파트는 선택 해제되고 복제된 파트가 선택됩니다. 복제된 파트는 자연스럽게 화살표를 드래그해서 옮길 수 있습니다.

2 타워 만들어보기

앞서 배운 내용을 복습하며 직접 타워를 만들어봅시다.

01 타워는 Classic Baseplate 바닥과 같은 문양이 들어 간 파트를 사용합니다. 도구 상자에서 **stud**를 검색하면 해당 파트를 구할 수 있습니다.

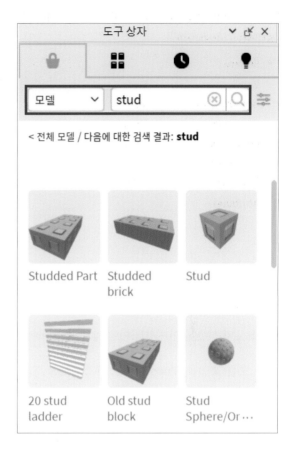

02 Stud가 입혀진 파트를 선택하고 속성 창을 잠시 확인해보겠습니다.

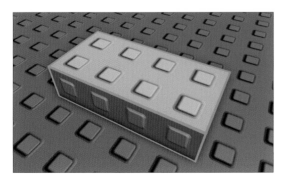

▨ 다음 쪽으로 넘어가서 표면(Surface) 속성에 대해 자세히 알아 봅시다.

속성 창을 열어보면 표면(Surface) 항목이 보입니다. 총 6가지 속성이 있어 파트의 6가지 면에 어떤 문양을 입힐지 설정할 수 있습니다.

◇   예전에는 이 속성이 파트 표면에 물리적인 영향도 주었지만 지금은 미적 측면에서만 영향을 주는 디자인 요소로 쓰임이 바뀌었습니다.

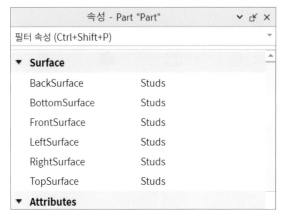
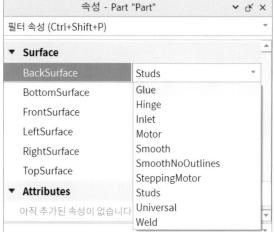

일반적인 파트는 표면 속성이 Smooth로 설정되어 있습니다. 파트의 모든 면이 Smooth로 설정되면 자동으로 Surface 속성은 숨겨져서 보이지 않게 됩니다.

저는 모든 표면을 **Studs** 그대로 두겠습니다. Studs 외에 사용 가능한 문양에 관한 정보는 아래 **NOTE**를 참조해주세요.

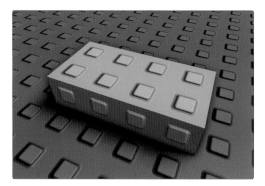

▲ 모든 표면 속성을 Studs로 적용한 경우

NOTE   속성 창에서 Studs 외에 사용 가능한 문양 4가지

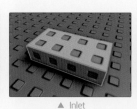
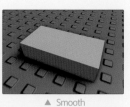

▲ Universal　　　▲ Weld/Glue　　　▲ Inlet　　　▲ Smooth

◇   여기서 Weld는 앞서 도구 섹션(p.24)에서 표면 결합으로 생성되는 Weld와는 다른 개념이니 혼동하지 않도록 주의해주세요.

03 타워 바닥을 만들어보겠습니다. 파트 크기를 키웁시다.

 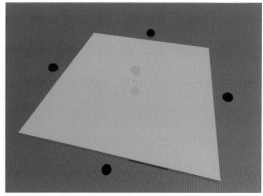

로블록스 스튜디오 TIP! 파트 크기를 특정 수치로 설정할 때는 속성 창을 이용합니다

파트 크기를 키울 때 스케일 도구를 사용해
도 되지만 **특정 수치로 설정할 때**는 속성 창
이 편합니다. 파트를 선택하고 속성 창에서
Transform > Size 항목을 찾아 100, 1, 100
으로 설정합니다. 크기가 너무 좁거나 넓은
것 같으면 수치를 바꿔도 됩니다.

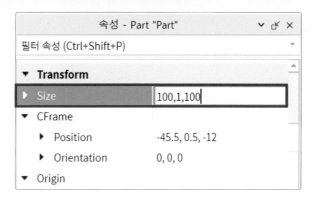

04 타워의 벽을 지어봅시다. **Stud** 파트를 하나 더 준
비해서 **스케일 도구**로 크기를 늘려줍니다. 바닥의 한쪽
모서리에서 반대쪽 끝까지 닿게 합니다.

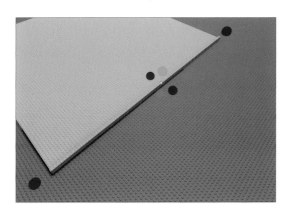

05 높이도 키워줍니다.

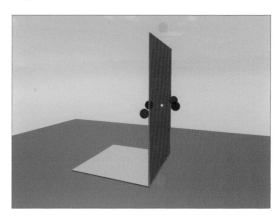

06 파트에 **마우스 우클릭** 후 중복을 선택하거나 Ctrl + D 단축키로 파트를 **복제**해줍니다. 곧바로 **이동 도구**를 움직이면 겹쳐있던 복제본이 나옵니다.

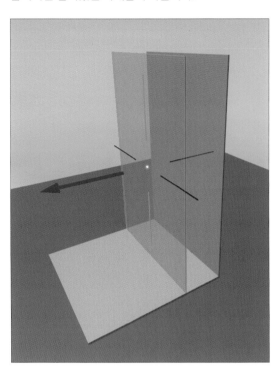

07 그대로 반대쪽 모서리에 붙여줍니다.

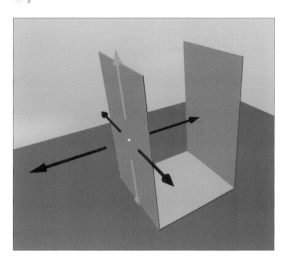

08 Shift 를 꾹 누른 채 두 파트를 동시에 선택하고, 방금 전처럼 파트를 **복제**합니다.

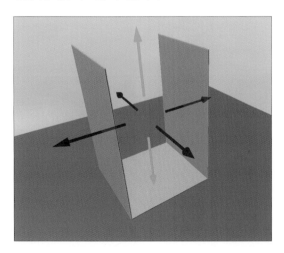

09 **회전 도구**를 움직이면 두 파트의 복제본이 나옵니다. 나머지 모서리를 채워줍니다.

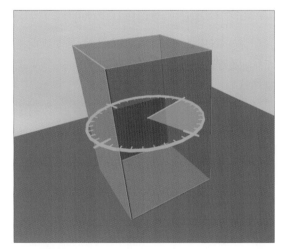

10 밖을 볼 수 있게 벽 하나를 반투명하게 만들겠습니다. 파트를 선택하고 **속성** 창의 **모양**→**Transparency** 항목을 찾아 **0.5**로 설정합니다.

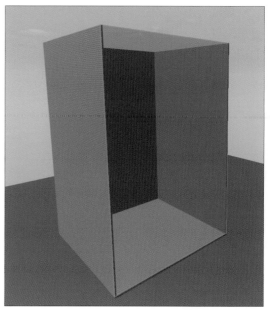

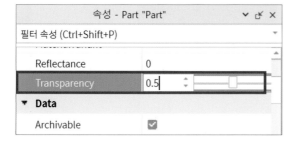

11 꼭짓점을 확인해보면 벽끼리 겹쳐 있습니다. 옆쪽 벽의 크기를 줄여 겹치지 않게 해줍니다.

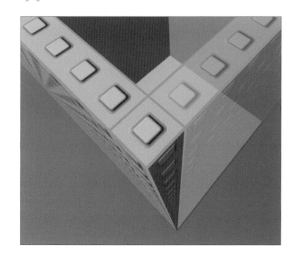

12 마우스 클릭 드래그로 상자를 그려 타워 전체를 선택합니다.

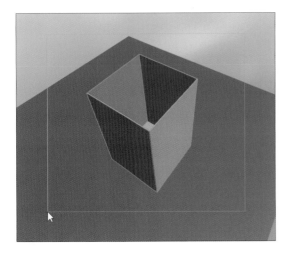

13 마우스 우클릭 후 **모델로 그룹화**를 선택하거나 Ctrl + G 단축키로 타워 전체를 모델로 묶습니다.

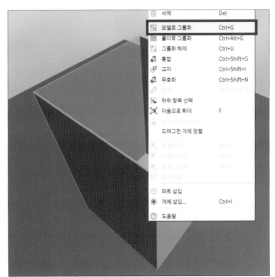

14 모델을 원하는 색으로 칠해줍니다.

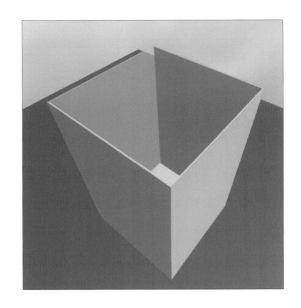

◻ 모델을 클릭 후 **홈** 메뉴 → **편집** 섹션 → **색상**에서 원하는 색을 선택하거나 Alt 키를 꾹 눌러서 개별 파트만 따로 선택해 색칠해도 됩니다.

15 모델을 선택하고 **앵커** 버튼을 눌러 고정합니다. 타워가 무너지지 않게 막아줍니다.

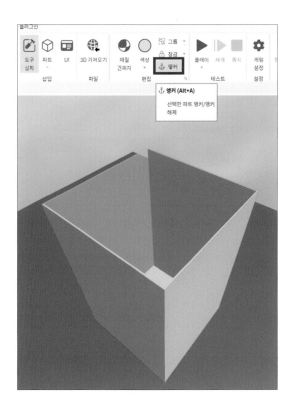

16 **잠금** 도구를 클릭하고 모델을 선택합니다.

다시 선택 도구로 돌아오면 모델이 더 이상 선택되지 않습니다. 타워 내부를 건축할 때 방해받지 않을 수 있어요.

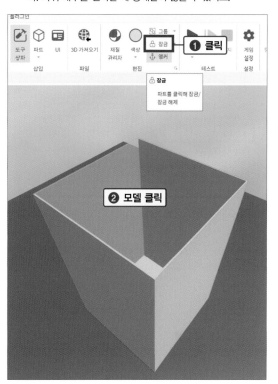

17 이제 기본 바닥을 삭제해봅시다. **탐색기**에서 **Baseplate**를 찾아 선택합니다.

18 마우스 우클릭 후 **삭제**를 선택하거나 [del]단축키를 눌러 파트를 삭제하면 바닥이 사라집니다.

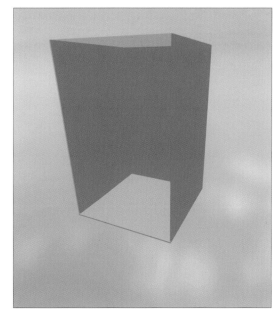

19 탐색기를 보면 방금 만든 타워 모델도 있습니다. 앞으로 타워가 새로 필요할 땐 여기서 모델을 선택해 복제하면 됩니다.

20 모델의 이름을 **Tower**로 바꾸어 다른 모델과 구분해줍니다.

> 🔗 탐색기에서 해당 모델 개체를 선택하고 한 번 더 클릭하면 이름을 수정할 수 있습니다.

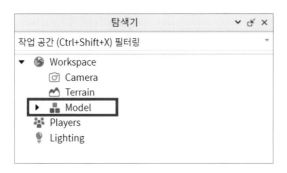

21 타워가 완성되었습니다! 원하는 점프맵을 여기에 마음껏 추가해보세요~

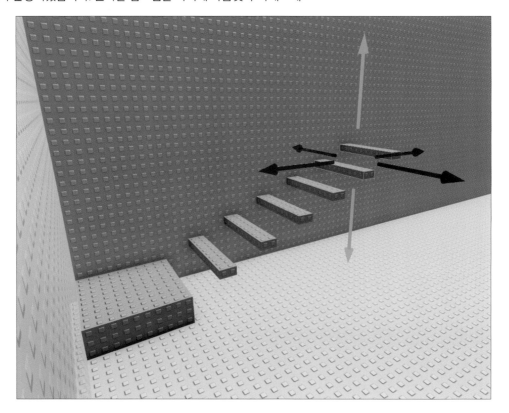

스폰과 체크포인트 추가하기

내 캐릭터가 점프맵을 잘 오르다가 중간에 떨어졌는데 처음부터 다시 해야 한다면 의욕이 떨어지겠죠?
적절한 위치에 캐릭터가 리스폰될 수 있도록 체크포인트를 만들어봅시다.

01 **도구 상자**에 **체크포인트**를 검색하면 제가 올려 둔 모델이 있습니다.

02 모델을 선택해 가져옵니다. 두 가지 파트가 추가 되는데 하얀색은 최초 스폰, 회색은 체크포인트입니다.

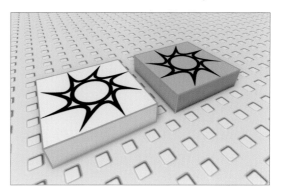

03 **최초 스폰**은 시작 위치에, **체크포인트**는 첫 번째 단계 마지막에 두겠습니다. 두 모델의 크기도 적당히 수정해 줍니다. 저는 가로 세로 8스터드로 설정했습니다.

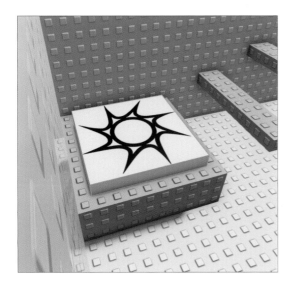

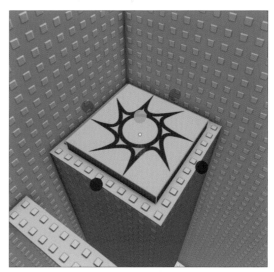

04 최초 스폰에 마우스 오른쪽 클릭 후 **방향 표시기**를 선택해서 정면을 확인합니다. 파트 정면 방향이 플레이어가 가야 하는 방향과 일치하게 해주세요.

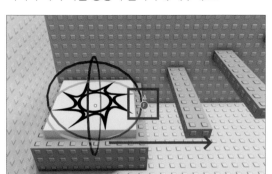

05 **체크포인트**도 방향 표시기를 켜서 정면을 확인합니다.

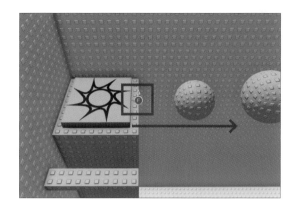

06 테스트를 해보면 최초 스폰에 캐릭터가 생성되고 정면 방향을 바라봅니다.

◆ 테스트를 하려면 좌측 상단 메뉴바에서 파란 실행 아이콘을 클릭하거나 단축키 F5를 누르면 됩니다.

07 체크포인트를 밟고 게임을 리셋해보면 캐릭터가 체크포인트에서 리스폰됩니다.

 테스트 화면에서 ESC 키를 누르고 캐릭터 재설정(R)을 선택하면 리셋이 됩니다.

 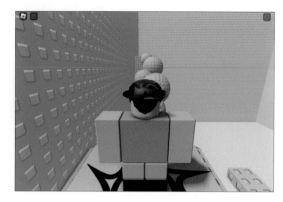

08 **탐색기**에서 Spawn(최초 스폰)과 Checkpoint(체크 포인트)를 살펴보면 **Decal** 개체가 있습니다.

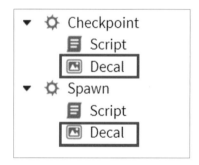

09 Decal을 삭제하면 파트 위의 검은 문양이 사라 집니다.

 Decal의 이미지를 바꿀 수도 있는데, 그 방법은 파트에 이미 지 넣기(p.58)에서 알려드리겠습니다.

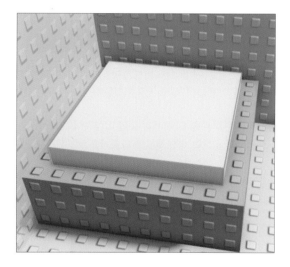

10 앞으로 새 체크포인트가 필요할 때마다 이 회색 파트를 복사해서 사용하면 됩니다.

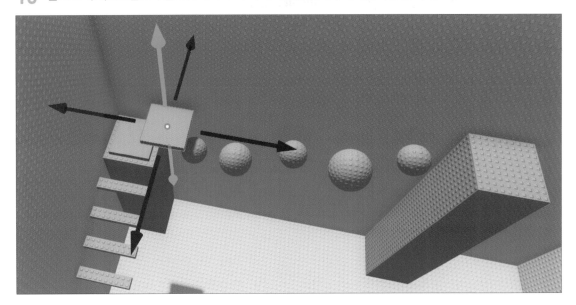

로블록스 스튜디오 TIP! **체크포인트의 작동 원리**

체크포인트의 작동 원리를 간단히 알려드리자면 다음과 같습니다.

- 체크포인트에 다른 파트가 닿으면 → 그 닿은 파트가 플레이어 캐릭터인지 확인하고,
  만약 맞다면 → 리스폰 지점을 새로운 스폰 파트(체크포인트)로 변경

작동 원리를 좀 더 자세하게 알고 싶거나 체크포인트를 직접 구현하는 방법을 익히고 싶다면
로블록스 게임 제작 점프맵 만들기를 참조해주세요!

로블록스 스튜디오 TIP! 도구 상자로 다양한 모델 불러오기

도구 상자를 통해 스터드 파트나 체크포인트 외에도 다양한 모델을 불러올 수 있습니다. 예를 들어 killpart라고 검색하면 킬파트를, truss라고 검색하면 트러스 모양의 사다리 파트를 찾을 수 있습니다. 원하는 모델이 있다면 사유롭게 검색해서 찾아보세요!

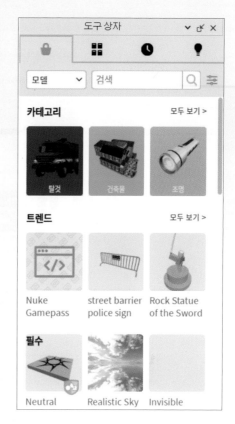

GUI로 놀아요!

지난 파트에서 우리는 로블록스 스튜디오를 설치한 후 인터페이스와 기본 건축 도구에 대해 알아보았습니다. 그 다음 타워를 만들고 스폰과 체크포인트를 추가해보았죠. 타워를 건설하면서 로블록스 스튜디오에 조금씩 익숙해지셨나요?

이번 파트에서는 게임 요소를 만드는 핵심 지식을 다룹니다. 파트에 글씨나 이미지를 넣고, GUI를 편집해서 리셋이나 스테이지 이동 버튼을 만들고, 스크립트를 활용해서 버튼 단축키를 만드는 방법 등을 배워볼 텐데요. 다양한 GUI를 만나보며 로블록스 스튜디오의 사용에 좀 더 익숙해지게 될 겁니다.

Contents ▶▶▶

PART 02 미리보기

기본적인 GUI의 개념을 이해하고 활용해보아요!

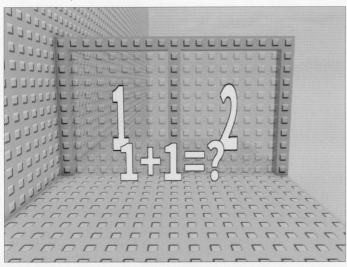

▲ 퀴즈 스테이지

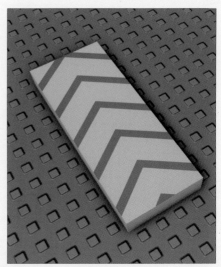

▲ 화살표를 추가한 컨베이어 파트

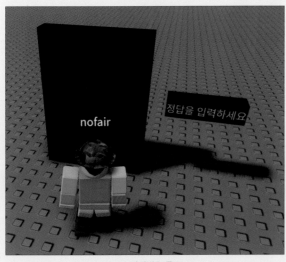

▲ 비밀번호 문

▲ 각종 GUI 버튼과 단축키

GUI 곁들이기

1 파트에 글씨 쓰기

파트에 글씨를 써봅시다.

01 파트를 하나 준비합니다.

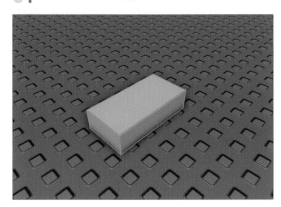

02 글자가 들어갈 공간을 위해 옆면을 넓혀줍니다.

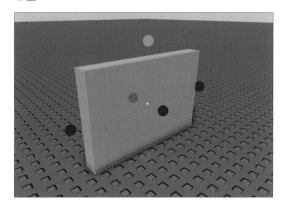

03 파트 속성창에서 **Transparency**(파트 투명도)를 **1**로, **CanCollide**(파트에 닿으면 충돌)를 **체크 해제**, **Anchored**(파트 위치 고정)를 **체크**합니다.

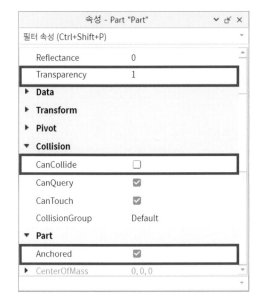

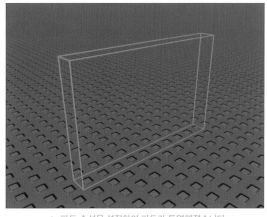

▲ 파트 속성을 설정하여 파트가 투명해졌습니다.

💡 Collide는 부딪히다, 충돌하다는 뜻입니다. CanCollide를 체크 하면 다른 물체가 파트에 닿을 때 충돌되도록 하고, 체크 해제 하면 파트를 뚫고 통과하도록 할 수 있습니다.

04 탐색기에서 **Part**(파트 개체)를 찾습니다.

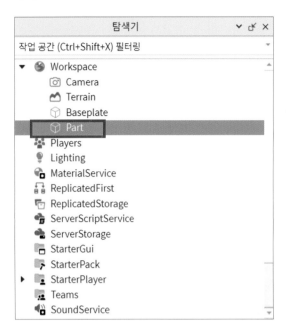

05 마우스 커서를 가져다 대면 **십자 버튼**이 나타납니다. **클릭**합니다.

06 이어서 탐색기에서 **SurfaceGui** 개체를 검색해 선택합니다.

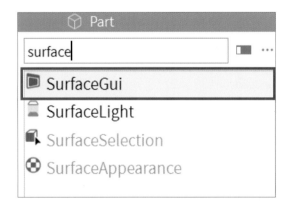

07 파트 안에 **SurfaceGui**가 추가되었으면 SurfaceGui 옆의 **십자 버튼**을 **클릭**합니다.

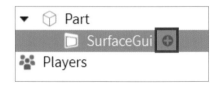

08 06~07과 같은 방식으로 SurfaceGui 안에 **TextLabel**을 추가합니다.

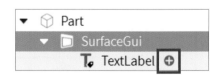

09 파트를 보면 하얀 상자가 나타난 걸 볼 수 있습니다

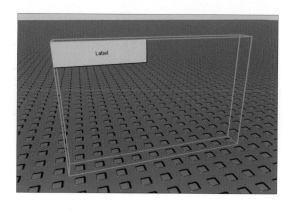

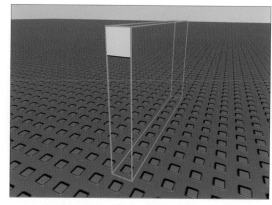

▲ 파트 방향에 따라 다른 면에 상자가 나타날 수도 있습니다.

10 탐색기에서 **SurfaceGui** 개체를 선택합니다.

11 SurfaceGui의 속성 중에 **Face**가 있습니다. 이 속성을 적당히 수정해서 상자가 파트 정면에 나타나게 해줍니다.

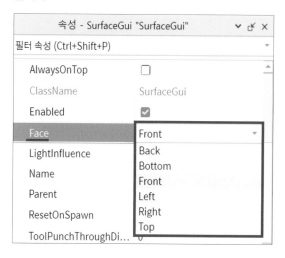

12 TextLabel을 선택하고 **속성** 중에 Size를 **1, 0, 1, 0**으로 설정합니다.

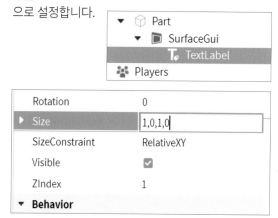

13 파트를 확인해보면 상자가 면을 꽉 채웠습니다.

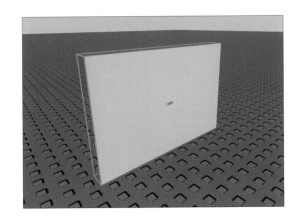

로블록스 스튜디오 TIP! Size 속성 더 알아보기

방금 설정한 Size 속성의 첫 번째와 세 번째 값은 X(가로)와 Y(세로)의 상대적 크기를 나타냅니다.
오른쪽은 파트 면의 X(가로) 길이와 Y(세로) 길이를 1이라 설정한 경우입니다.

그런데 여기서 세 번째 값을 0.5로 설정하면 어떻게 될까요? Y(세로) 길이의 절반 크기가 됩니다.

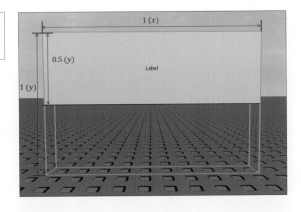

이처럼 상대적 크기는 파트 크기가 바뀌어도 유지됩니다. 파트가 커져도 절반 크기, 전체 크기가 유지됩니다.

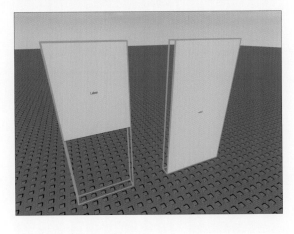

14 텍스트 크기도 **TexLabel의 속성**에서 설정합니다. **TextScaled**(텍스트 크기를 상자 크기에 맞춤), **TextWrapped**(텍스트 삐져나감 방지), **RichText**(텍스트 크기 제한 해제)를 모두 체크합니다.

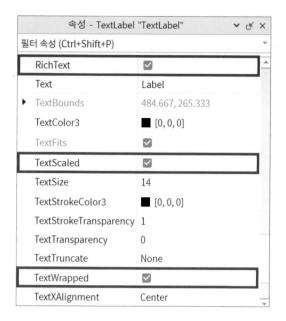

15 **TextStrokeTransparency** 속성을 0으로 설정해서 텍스트 테두리가 보이게 합니다.

TextStrokeColor3	■ [0, 0, 0]
TextStrokeTransparency	0
TextTransparency	0

16 **TextColor3** 속성에서는 텍스트 색, **TextStrokeColor3** 속성에서는 텍스트 테두리 색을 설정합니다.

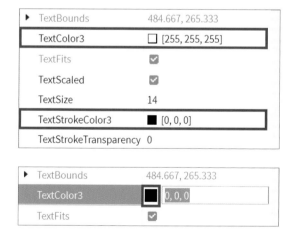

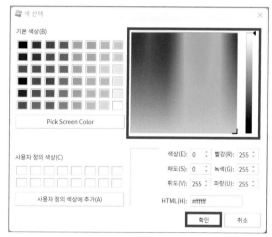

▲ 두 속성값의 왼쪽 상자를 누르면 팔레트 창이 나타납니다. 팔레트 창에서 색깔을 선택하고, 확인 버튼을 눌러 적용합니다.

17 설정한 대로 텍스트 색이 바뀌었습니다.

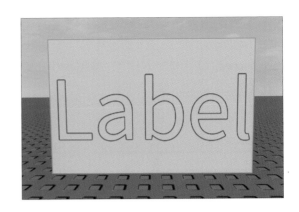

18 텍스트 상자 테두리와 텍스트가 쓰인 바탕면을 투명하게 만들어보겠습니다. **TextLabel의 속성** 창에서 **BackgroundTransparency**를 **1**로, **BorderSizePixel**을 **0**으로 설정합니다.

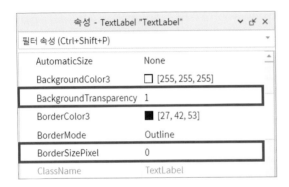

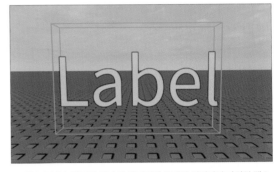

▲ 텍스트 박스 테두리, 텍스트 바탕면의 투명화 설정까지 마치면 텍스트 파트가 완성됩니다.

19 **Text** 속성에 원하는 문장을 입력하면 해당 문장이 그대로 파트에 나타납니다.

▲ 텍스트가 한 줄에 모두 담기게 하고 싶다면 파트 길이를 늘려주면 됩니다.

20 **TextRich** 속성을 체크하면 취소줄, 밑줄, 볼드체, 이탤릭체를 넣을 수 있습니다.

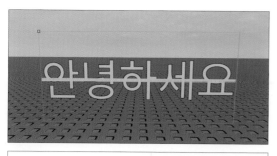

Text	<s>안녕하세요</s>

▲ 취소줄

Text	<u>안녕하세요</u>

▲ 밑줄

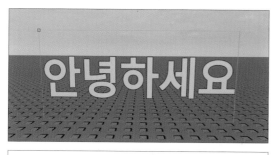

Text	안녕하세요

▲ 볼드체

Text	<i>안녕하세요</i>

▲ 이탤릭체

21 텍스트 파트의 이름을 **Sign**으로 바꾸어 다른 파트들과 구분해줍니다.

🗩 탐색기에서 파트 개체를 선택한 후 한 번 더 클릭하면 파트 이름을 수정할 수 있습니다.

22 완성한 텍스트 파트는 필요할 때마다 복제해서 사용하면 됩니다.

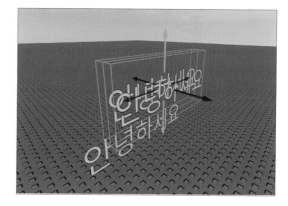

로블록스 스튜디오 TIP!   도구 상자에서 텍스트 파트 가져오기

도구 상자에서 Sign이라고 검색하면 다른 사람들이 만든
텍스트 파트도 찾아볼 수 있습니다.

2 퀴즈 스테이지 만들기

이전 유닛에서 만든 텍스트 파트를 이용해 퀴즈 스테이지를 만들어봅시다.

01 먼저 다음과 같은 구조물을 만들어줍니다. 입구
2개가 나란히 서 있는 모습입니다.

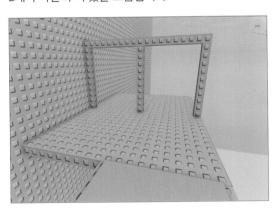

02 입구 안을 또 다른 파트로 채워줍니다.

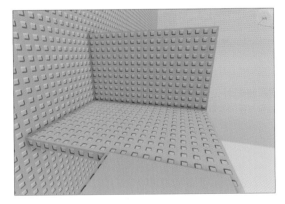

03 해당 파트들은 **Transparency** 속성을 0.5로 설정하고, **CanCollide** 속성을 **체크 해제**합니다.

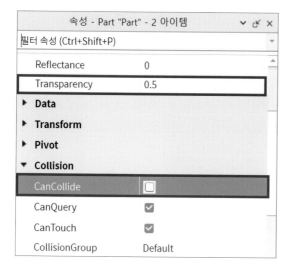

04 파트들이 반투명하고 통과가 가능하게 되었습니다.

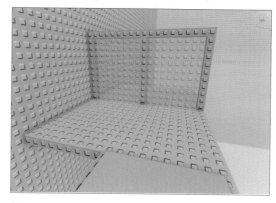

⬦ 이때 앵커가 되어있지 않으면 파트가 아래로 떨어질 수 있으니 주의해주세요.

05 입구 앞에는 텍스트 파트를 하나 배치합니다.

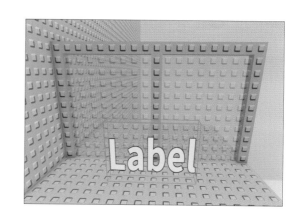

06 텍스트 파트 안 **TextLabel**의 **Text** 속성에 문제를 적습니다.

⬦ 저는 간단한 예시로 1+1=?를 적었습니다.

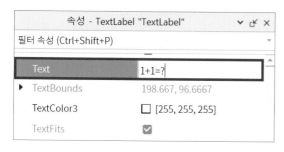

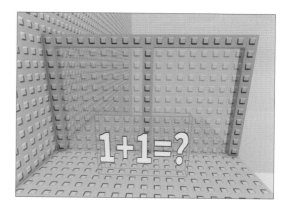

07 이제 뒤쪽 입구에 문제에 대한 답을 두 가지 적어보겠습니다.
먼저 텍스트 파트 안 **SurfaceGui**를 복사한 후 입구 파트 안에 각각 **다음에 붙여넣기**를 설정합니다.

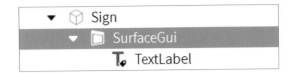

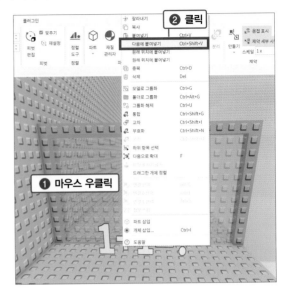

08 탐색기를 보면 각 입구 파트 안에 **SurfaceGui**와 **TextLabel**이 같이 들어왔습니다.

09 **SurfaceGui**의 **Face** 속성을 수정해서 입구가 보이는 방향에 텍스트가 나타나게 합니다.

10 각 파트에 정답과 오답을 하나씩 적어줍니다.

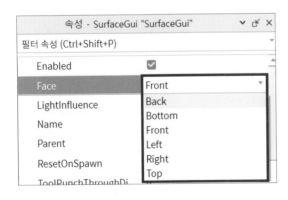

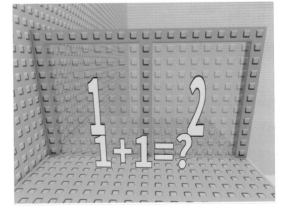

11 오답 파트로 들어간 사람은 킬파트를 이용해서 데미지를 줄 겁니다. **도구 상자**에서 **killbrick**을 검색해서 킬파트를 하나 가져옵니다.

12 **탐색기**에서 **Kill brick** 안을 살펴보면 스크립트가 있습니다. 이 스크립트를 복사합니다.

◇ Kill brick의 스크립트에는 파트에 닿은 사람에게 데미지를 주는 코드가 있습니다.

13 복사한 스크립트는 오답 파트 안에 **다음에 붙여넣습니다**.

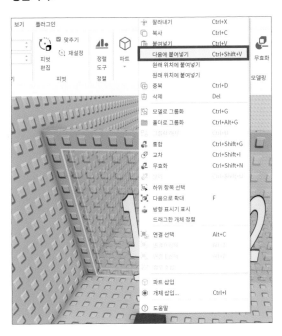

14 **탐색기**를 보면 파트 안에 스크립트가 들어왔습니다. 오답 파트의 입구가 킬파트가 되었습니다.

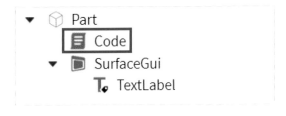

15 이렇게 퀴즈 스테이지가 완성되었습니다.

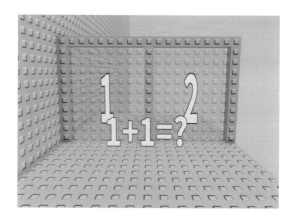

앞서 배운 내용을 응용해서 퀴즈 여러 개를 연속으로 배치하거나 문제의 선택지를 늘려보세요!

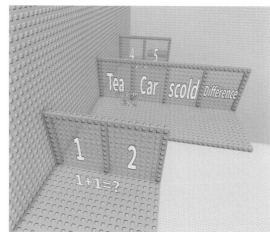

3 파트에 이미지 넣기

파트에 이미지를 넣는 방법은 크게 3가지가 있습니다.

1. Decal 개체를 이용
2. ImageLabel 개체를 이용
3. Texture 개체를 이용

첫 번째와 두 번째 방법은 이번 유닛에서 알아보고 마지막 하나는 다음 유닛에서 다루겠습니다.

1) Decal 개체를 이용

01 파트에 글씨 쓰기(p.47)에서 준비한 것과 마찬가지로 **투명한, 통과되는, 앵커된** 파트를 준비합니다.

🔖 파트 속성창에서 **Transparency**(파트 투명도)를 1로 설정, **CanCollide**(파트 충돌)를 **체크 해제**, **Anchored**(파트 위치 고정)를 체크해주세요.

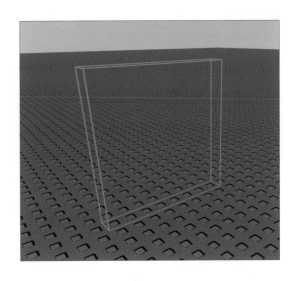

02 **탐색기**에서 파트 안에 **Decal** 개체를 추가합니다.

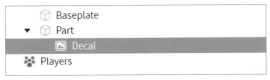

🔖 탐색기에서 파트에 마우스 커서를 가져다 대면 십자 버튼이 나타납니다. 버튼을 클릭한 후 Decal 개체를 검색해주세요.

03 **Decal**의 속성 중 **Texture**를 찾습니다.

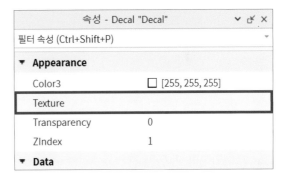

04 새 게임 생성하기(p.12)에서 게임을 게시했다면 다음 창이 나타날 겁니다.

이 창에서는 ❶ **이미지 추가** 버튼을 클릭하거나(04-1 참조) ❷ **URL**란에 이미지 **ID**를 입력하여(04-2 참조) 이미지 파일을 업로드할 수 있습니다. 두 과정을 하나씩 알아보겠습니다.

🔖 게임을 게시하지 않은 상태라면 이 창은 나타나지 않으며, 이미지 ID 입력으로만 이미지를 업로드할 수 있습니다.

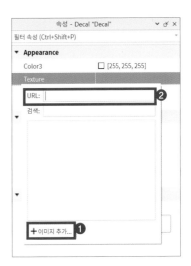

04-1. 이미지 파일이 있는 경우

이미지 추가 버튼을 클릭하면 오른쪽과 같은 창이 나타납니다. **파일 선택** 버튼을 눌러 원하는 파일을 찾아 업로드하고, **만들기** 버튼을 클릭합니다.

만든 이미지는 도구 상자의 **인벤토리**로 이동하고, **내 이미지**를 확인하면 볼 수 있습니다.

04-2. 이미지 ID가 있는 경우

이미지 ID는 도구 상자에서 이미지 검색을 하여 찾을 수 있습니다. 먼저 **도구 상자**에서 **이미지** 검색으로 이동합니다.

원하는 이미지를 검색해서 찾았다면 이미지에 **마우스 우클릭** 후 **애셋 ID 복사**를 클릭합니다.

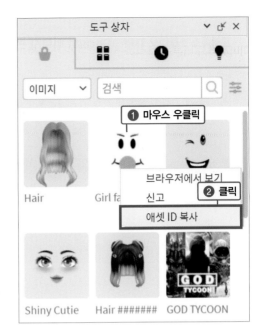

◱ 참고로 이미지에 왼쪽 클릭을 하면 해당 이미지가 들어간 Decal이 바로 추가됩니다.

복사된 아이디는 바로 Ctrl + V 단축키로 **Texture** 속성에 붙여넣습니다. 만약 다른 이미지로 바꾸고 싶다면 Texture 속성값을 해당 이미지 ID로 수정하면 됩니다.

◱ 복사한 ID를 Texture 속성에 붙여넣으면 ID 앞에 **rbxassetid://** 가 자동으로 표기됩니다. 지금은 숫자만 넣어도 되지만, 만약 스크립트로 이미지 ID를 수정하는 경우 rbxassetid:// 부분까지 같이 입력해주어야 합니다.

05 Decal의 속성 중에 **Face**가 있습니다. 이 속성을 수정해서 다른 면에 이미지가 나타나게 할 수 있습니다. 이미지가 원하는 면에 나타나도록 수정합니다.

로블록스 스튜디오 TIP! Decal의 이미지 관련 속성 더 알아보기

Decal에는 다음 속성도 있습니다.

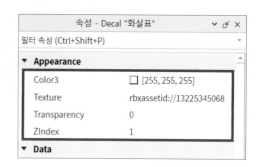

① **Color3**: 이미지 색을 바꿀 수 있습니다. 흰색 이미지에 사용하는 것이 가장 효과적이며, 검은색에는 효과가 거의 없습니다.

② **Transparency**: 이미지 투명도입니다. 0~1 사이 숫자를 입력합니다.

③ **Zindex**: 같은 면에 여러 이미지가 있을 때 보이는 우선순위입니다. 숫자가 클수록 위로 오고, 작을수록 아래로 갑니다.

주의 Decal 개체로 넣은 이미지 크기는 파트의 크기에 따라 달라집니다

Decal 개체를 이용해 이미지를 넣은 경우 주의할 점은 이미지 크기가 파트 크기에 따라 맞춰진다는 것입니다. 파트와 이미지 비율이 조금이라도 다르면 이미지가 찌그러집니다.

2) ImageLabel 개체를 이용

파트에 이미지를 넣는 두 번째 방법은 ImageLabel입니다. Decal 개체를 이용한 첫 번째 방법과 다르게 이번 방법은 파트 크기를 조절해도 이미지가 찌그러지지 않게 할 수 있습니다.

01 이번에도 **투명한, 통과되는, 앵커된** 파트를 준비합니다.

02 파트 안에 **SurfaceGui**를 추가한 후,

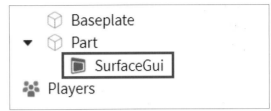

SurfaceGui 안에 **ImageLabel**을 추가합니다.

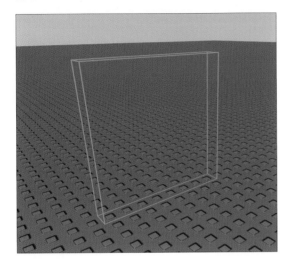

03 ImageLabel이 알맞은 면에 나타났는지 확인합니다. 만약 아니라면 **파트에 글씨 쓰기**(p.47)에서 했던 것처럼 **SurfaceGui**의 **Face 속성**을 수정합니다.

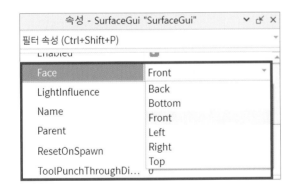

04 ImageLabel의 BackgroundTransparency 속성을 1로, BorderSizePixel을 0으로 설정해서 배경은 투명하게, 테두리 선은 안 보이게 해줍니다.

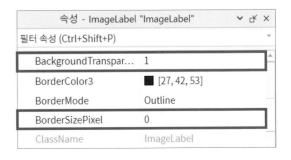

05 **ImageLabel**의 Size 속성을 **1, 0, 1, 0**으로 설정
해 꽉 채웁니다.

속성 - ImageLabel "ImageLabel"	
필터 속성 (Ctrl+Shift+P)	
Rotation	0
▶ Size	1,0,1,0
SizeConstraint	RelativeXY
Visible	☑
ZIndex	1

06 마지막으로 **Image** 속성에 이미지를 추가합니다.

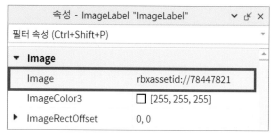

Decal의 Texture 속성에 이미지 ID를 붙여넣은 것처럼 하면 됩
니다(p.61 참조).

07 파트에 이미지가 나타났습니다.

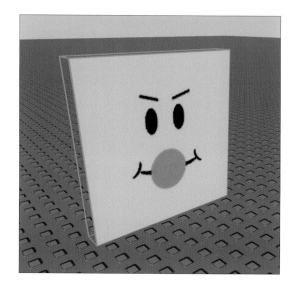

08 지금은 파트를 늘리면 이미지가 찌그러집니다. 그 이유는 ImageLabel의 **ScaleType** 속성이 **Stretch**로 설정되
었기 때문입니다.

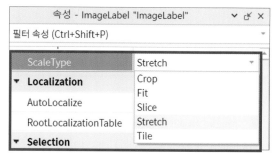

09 **ScaleType** 속성을 **Crop**으로 설정하면 이미지가 파트를 꽉 채우고 비율이 안 맞는 부분은 잘립니다.

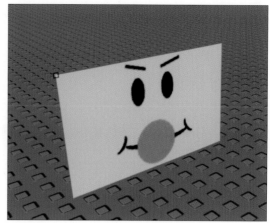

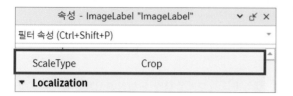

10 한편 **ScaleType** 속성을 **Fit**으로 설정하면 이미지가 파트를 채울 수 있는 만큼 채우고 비율이 안 맞는 부분은 투명한 여백으로 남습니다.

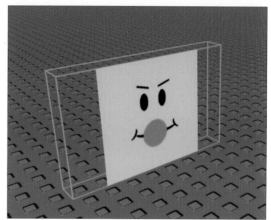

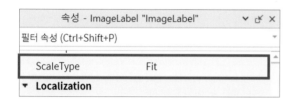

NOTE **Decal과 ImageLabel 개체의 특징 정리**

Decal은 이미지를 추가할 땐 편하지만 비율 맞추기가 어렵고, ImageLabel은 추가 방법이 복잡하지만 비율을 자동으로 맞춰줍니다. 상황에 따라 적절한 방법을 골라서 쓰시면 됩니다.

컨베이어 파트에 텍스처 입히기

캐릭터를 자동으로 옆으로 이동시키는 컨베이어 파트를 만들고, 화살표를 추가해 방향과 속도도 표시해 보겠습니다.

참고로 지난 책 "로블록스 게임 제작 점프맵 만들기"에서 만든 컨베이어 파트는 재질만 바꿨을 뿐, 어느 방향인 지는 표시하지 않았습니다.

01 먼저 컨베이어 파트를 만들어보겠습니다. **앵커**된 파트를 하나 준비합니다.

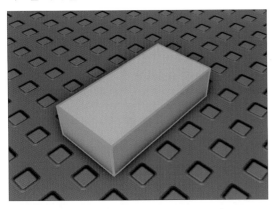

02 파트에 **오른쪽 클릭** 후 **방향 표시기**를 표시합니다.

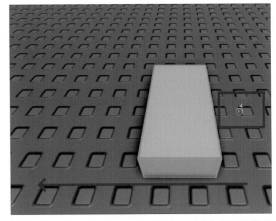

🏳 방향 표시기가 가리키는 면이 정면이고, 컨베이어가 이동할 방 향은 빨간 화살표와 같습니다.

03 **파트**의 **AssemblyLinearVelocity** 속성을 찾습니 다. 이 속성으로 컨베이어 벨트의 속도를 설정할 수 있 습니다.

04 이 속성값은 3가지 숫자로 구성되며, 속도 단위 는 초당 스터드입니다(예를 들어 값이 10이라면 초당 10스터드를 의미). 여기서는 마지막 숫자만 10으로 수 정하겠습니다.

속성 - Part "Part"		
필터 속성 (Ctrl+Shift+P)		
▼ **Assembly**		
▼ AssemblyLinearVelocity	0, 0, 10	
X	0	
Y	0	
Z	10	
▶ AssemblyAngularVelo...	0, 0, 0	

🏳 참고로 플레이어의 기본 이동속도는 초당 16스터드입니다.

05 **파트** 안에 **Texture** 개체를 추가합니다.

◈ 지난 유닛에서 파트에 이미지 넣는 방법이 3가지라고 했었죠. 세 번째 방법이 바로 Texture 개체를 활용하는 것입니다.

06 Texture에 화살표 이미지를 넣어보겠습니다. **도구 상자**에서 화살표를 검색하면 제가 업로드한 이미지가 있습니다. 이 이미지를 **마우스 우클릭 → 애셋 ID 복사**를 선택합니다.

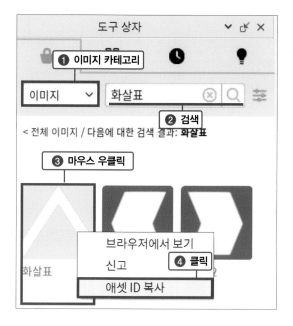

07 **Texture** 개체의 **Texture** 속성에 **복사한 애셋 ID**를 붙여넣습니다.

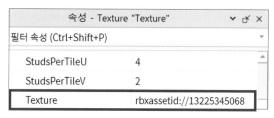

08 화살표가 윗면에 나타나도록 **Face** 속성을 **Top**으로 설정합니다.

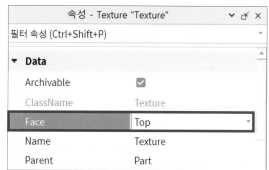

09 화살표가 나타난 모습입니다.

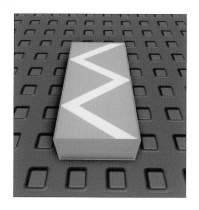

10 파트를 길게 늘이면 그만큼 화살표 수도 늘어납니다.

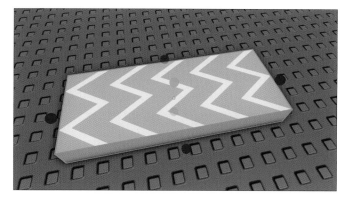

11 StudsPerTileU 속성에서 화살표 하나의 **가로** 길이를, StudsPerTileV 속성에서 화살표 하나의 **세로** 길이를 설정할 수 있습니다.

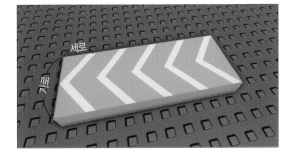

12 Color3 속성에서 화살표의 색깔도 설정할 수 있습니다(저자는 회색으로 설정해주었습니다).

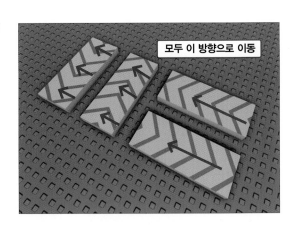

13 여기까지 만든 컨베이어 파트는 2가지가 부족합니다.

첫째, 파트를 회전시켜도 컨베이어가 한쪽 방향으로만 움직입니다.

둘째, 화살표 텍스처가 컨베이어 속도에 맞춰 움직이지 않습니다.

14 **파트** 안에 **스크립트**를 추가합니다. 스크립트로 나머지 2가지 요소를 채워줄 겁니다.

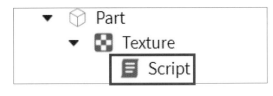

15 아래는 우리가 완성할 전체 스크립트입니다. 다음 과정부터 하나씩 설명하겠습니다.

```
1   local Texture = script.Parent
2   local Part = Texture.Parent
3
4   local speed = Part.AssemblyLinearVelocity.Z
5   Part.AssemblyLinearVelocity = -Part.CFrame.LookVector * speed
6
7  ·while true do
8       local step = task.wait()
9       Texture.OffsetStudsV += step * speed
10      Texture.OffsetStudsV %= Texture.StudsPerTileV
11  end
```

16 스크립트에선 먼저 **Texture**와 **Part** 개체를 구해
줍니다.

```
1   local Texture = script.Parent
2   local Part = Texture.Parent
```

앞으로 어떤 개체를 구할 때는 Parent라는 개념을 이용할 겁
니다. Parent란 어떤 개체의 상위에 해당하는 개체를 의미합
니다. 탐색기를 보면 우리가 방금 생성한 Script는 Texture 안
에 들어있고, 또 Texture는 Part 안에 들어있습니다. 이 관계
를 Parent로 정리하면, **script.Parent**는 Texture이고 **Texture.
Parent**는 Part입니다.

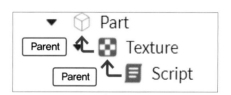

17 ⁰⁴에서 파트의 **AssemblyLinearVelocity** 속성에서
컨베이어 파트의 속도를 설정했습니다. 여기서 Z가 세 번
째 숫자를 가리킵니다.

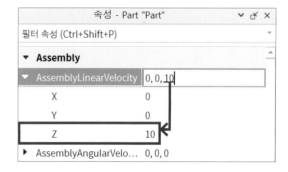

AssemblyLinearVelocity의 **Z**값을 **speed**에 넣어주었습니다. 이렇게 속도값을 구해주었습니다.

```
4   local speed = Part.AssemblyLinearVelocity.Z
```

18 속도값을 바탕으로 파트의 **AssemblyLinearVelocity** 값을 파트 방향에 알맞게 새로 설정합니다.

```
5   Part.AssemblyLinearVelocity = -Part.CFrame.LookVector
```

19 마지막으로 **5줄**에 **speed** 값을 곱해주어 설정한 속도로 맞춰줍니다.

```
= -Part.CFrame.LookVector * speed
```

NOTE   CFrame.LookVector에 빼기 기호(-)를 붙인 이유

여기서 **CFrame.LookVector**는 파트가 바라보는 방향을 나타냅니다. 그런데 Part.CFrame. LookVector에도 빼기 기호(−)를 붙인 점이 이상하게 느껴질 겁니다. 그 이유는 파트의 정면 방향과 컨베이어가 이동할 방향이 서로 반대이기 때문입니다.

컨베이어가 이동할 방향

파트의 정면 방향

---

20 4~5줄 내용이 끝났습니다. 이제 파트를 회전시켜도 회전한 방향대로 컨베이어가 움직일 겁니다.

```
4    local speed = Part.AssemblyLinearVelocity.Z
5    Part.AssemblyLinearVelocity = -Part.CFrame.LookVector * speed
```

21 이번에는 화살표 텍스처가 컨베이어 속도에 맞춰 움직이도록 만들어 보겠습니다. 먼저 7줄에 **while true do**라고 적습니다. Enter(엔터)를 치면 자동으로 **end**가 완성됩니다.

```
7   while true do
8
9     end
```

🔎 while true do는 do와 end 사이의 내용을 무한 반복하는 구문입니다.

22 while true do 안에 다음의 내용을 씁니다.

```
7   while true do
8       local step = task.wait()
9     end
```

🔎 task.wait()는 우리가 정해준 시간(초)만큼 기다리는 함수로, 괄호 안에 아무 값도 입력하지 않을 경우에는 1프레임만큼 기다립니다. step에는 프레임 사이 시간이 들어옵니다.

23 Texture.OffsetStudsV 값을 수정하면 텍스처를 앞뒤로 움직일 수 있습니다.

```
7    while true do
8        local step = task.wait()
9        Texture.OffsetStudsV += step
10   end
```

그리고 step에 컨베이어 파트의 속도(speed)를 곱해주면 됩니다.

```
7    while true do
8        local step = task.wait()
9        Texture.OffsetStudsV += step * speed
10   end
```

🔎 이렇게 쓰면 나중에 AssemblyLinearVelocity 속성을 수정했을 때 스크립트를 수정하지 않아도 됩니다. 왜냐하면 수정한 것이 4줄에서 speed에 자동으로 들어오기 때문입니다.

24 마지막으로 OffsetStudsV 크기가 너무 커지지 않게 **StudsPerTileV**로 나눈 나머지 값으로 설정합니다.

```
 7    while true do
 8        local step = task.wait()
 9        Texture.OffsetStudsV += step * speed
10        Texture.OffsetStudsV %= Texture.StudsPerTileV
11    end
```

🔶 %=는 왼쪽 숫자를 오른쪽 숫자로 나눈 나머지를 구해주는 기호입니다.

25 Texture는 이미지가 규칙적으로 배열되어 있기 때문에 일정 숫자만큼 이동하면 보이는 모습이 똑같습니다. 저는 **StudsPerTileV** 값을 2로 설정했기 때문에 **OffsetStudsV** 값이 **0.4**일 때, **2.4**일 때, **4.4**일 때 모두 똑같습니다.

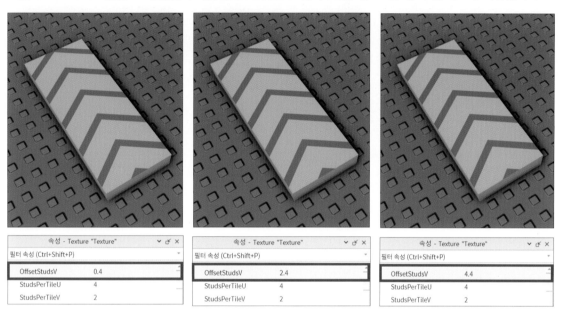

26 **OffsetStudsV** 값은 **0**에 가까울수록 좋습니다. 그래서 OffsetStudsV 값이 2.4나 4.4가 되었을 때는 2(StudsPerTileV 값)로 나눠주는 겁니다. 그러면 모두 0.4로 통일할 수 있기 때문이죠.

```
 7    Texture.OffsetStudsV %= Texture.StudsPerTileV
```

27 스크립트 작성을 완료하였습니다. 이제 마지막으로 탐색기에서 스크립트를 선택합니다.

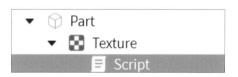

28 스크립트 속성 중 RunContext를 **Client**로 바꿉니다. 그러면 스크립트가 클라이언트(각 플레이어의 디바이스)에서 실행되어서 로블록스 서버의 부담을 덜 수 있습니다. 렉 걸리는 일도 줄어들고요.

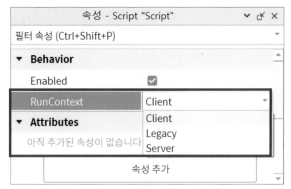

🗨 단, NPC나 일반 파트 등을 옮겨야할 때는 서버에서도 작동해야 하므로 RunContext를 Server로 설정합니다(그냥 원래대로 두어도 됩니다).

29 이로써 컨베이어 파트가 완성되었습니다. 완성된 컨베이어 파트는 필요할 때마다 복제해서 사용하면 됩니다.

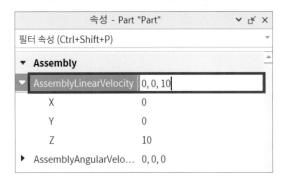

다시 **파트 속도**를 바꿀 땐 **AssemblyLinearVelocity** 속성을 수정하고, **화살표의 크기**를 바꿀 땐 Texture의 **StudsPerTileU**(가로)와 **StudsPerTileV**(세로) 속성을 수정하면 된다는 점 기억해주세요!

로블록스 스튜디오 TIP! 도구 상자에서 컨베이어 파트를 가져오기

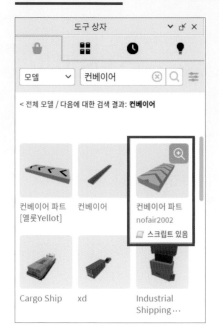

완성된 컨베이어 파트는 제가 **도구 상자**에도 따로 올려두었습니다. 매번 새로 만들기 불편할 때 마음껏 가져다가 쓰시면 됩니다.

고수들을 위한 TIP! 다른 작동 원리와의 비교

로블록스에서 가장 인기 있는 타워 게임인 Tower Of Hell의 경우 Texture 대신 **Beam**이라는 개체를 사용합니다.

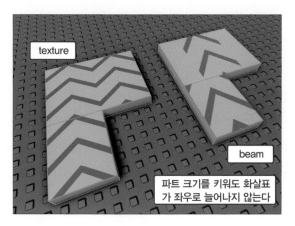

최적화 효율성을 비교하면 Beam이 살짝 우위에 있지만, 점프맵이라는 단순한 장르에서는 이 차이가 사실상 무의미해서 어떤 방법을 쓰든 상관없습니다.

비교적 다루기 쉽고, 파트 크기도 크게 신경 쓸 필요 없는데다, 컨베이어 속도와 화살표 속도를 맞추기도 편리한 이유로 저는 Beam보다는 Texture를 선택했습니다.

GUI 더 활용하기

GUI 편집 기초

GUI의 크기와 위치 조절은 언뜻 복잡해보이지만 알고 나면 생각보다 간단합니다.

GUI는 **ScreenGui**나 **SurfaceGui** 안에 여러 개체를 추가하는 식으로 만듭니다.

 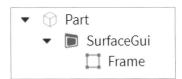

ScreenGui나 SurfaceGui를 **GUI 컨테이너**, 이 안에 넣는 Frame이나 Button 등의 개체를 **GUI 개체**라고
부릅니다.

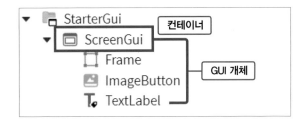

GUI 개체의 크기와 위치는 Size/Position 속성을 통해 설정할 수 있습니다.

이 속성에는 총 4가지 값이 있는데 각각 무엇을 의미하고, 이 값으로 GUI 개체의 크기와 위치를 어떻게
조정하는지 알아보겠습니다.

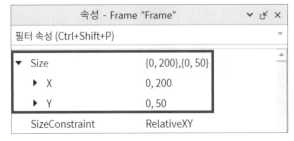

이 4가지 값들을 UDIM2 자료형이라 부릅니다.

1) GUI 개체의 크기 설정

먼저 GUI 개체의 크기 설정에 관하여 알아보겠습니다. Size의 첫 번째 중괄호의 값은 X축을 나타내며 화면의 가로축에 해당합니다.

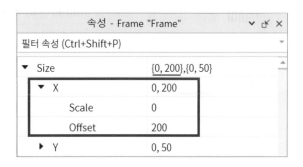

X축의 1번째 값은 전체 화면의 X축 길이를 **1**이라 했을 때 **상대적인 비율**(스케일, Scale)을 나타냅니다.

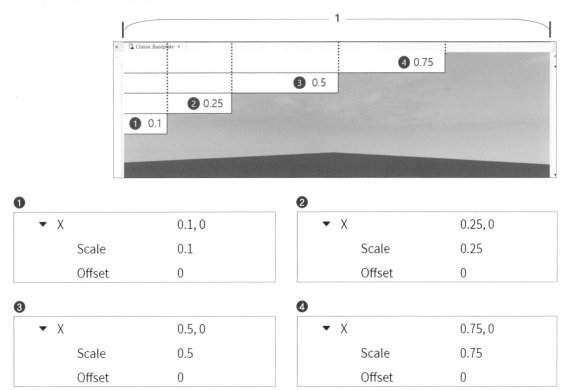

❶

▼ X	0.1, 0
Scale	0.1
Offset	0

❷

▼ X	0.25, 0
Scale	0.25
Offset	0

❸

▼ X	0.5, 0
Scale	0.5
Offset	0

❹

▼ X	0.75, 0
Scale	0.75
Offset	0

X축의 2번째 값은 X축의 **절대적인 픽셀 단위**(오프셋, Offset)를 나타냅니다.

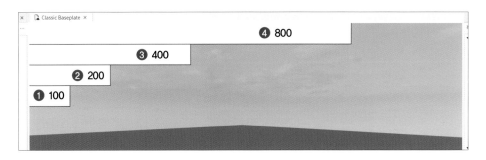

❶

▼ X		0, 100
	Scale	0
	Offset	100

❷

▼ X		0, 200
	Scale	0
	Offset	200

❸

▼ X		0, 400
	Scale	0
	Offset	400

❹

▼ X		0, 800
	Scale	0
	Offset	800

두 번째 중괄호의 값은 Y축을 나타내며 화면의 세로축에 해당합니다.

속성 - Frame "Frame"	∨ ⬁ ×
필터 속성 (Ctrl+Shift+P)	
▼ Size	{0, 200},{0, 50}
▶ X	0, 200
▼ Y	0, 50
Scale	0
Offset	50

Y축의 첫 번째 값은 전체 화면의 Y축 길이 전체를 **1**이라 했을 때 **상대적인 비율**(스케일, Scale)을 나타냅니다.

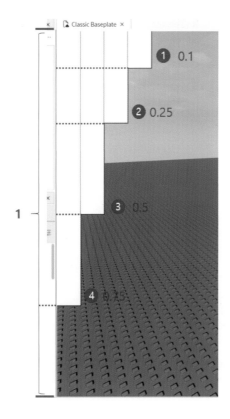

❶

▼ Y		0.1, 0
	Scale	0.1
	Offset	0

❷

▼ Y		0.25, 0
	Scale	0.25
	Offset	0

❸

▼ Y		0.5, 0
	Scale	0.5
	Offset	0

❹

▼ Y		0.75, 0
	Scale	0.75
	Offset	0

Y축의 두 번째 값은 Y축의 **절대적인 픽셀 단위**(오프셋, Offset)를 나타냅니다.

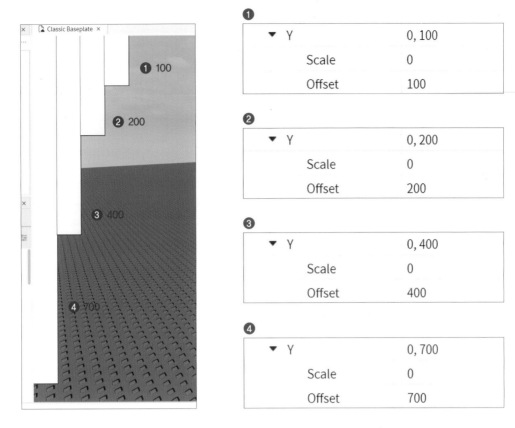

이렇게 GUI 개체의 크기 설정 방법을 배웠습니다. 그렇다면 실제로 로블록스 게임을 실행한 화면에서는 우리가 설정한 GUI 개체가 어떻게 보일까요? 다음을 따라하며 알아보겠습니다.

2) 디바이스 화면에 따른 GUI 개체 크기 설정

테스트 메뉴에서 **기기**를 클릭하면 디바이스마다 화면이 어떻게 보이는지 확인할 수 있습니다.

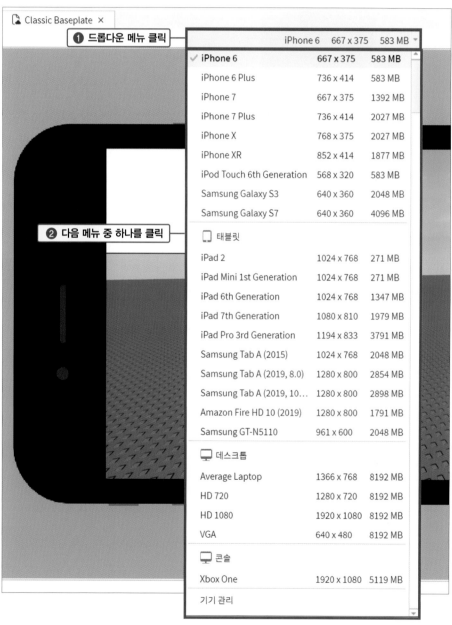

디바이스 종류마다 절대적인 화면 크기가 다릅니다. 하지만 디바이스 크기가 어떻든 버튼이 화면을 차지하는 비율이 일정해야 합니다. 그렇다면 GUI 개체 크기는 무엇을 기준으로 조절해야 할까요?

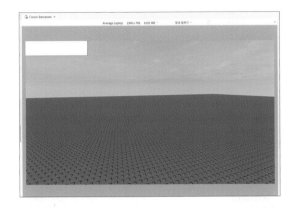 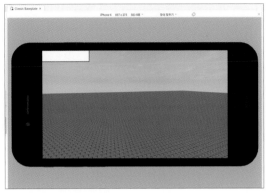

스케일 값은 상대적인 비율을 가져서 모바일과 PC 화면 모두 별 차이가 없지만, 오프셋 값은 픽셀이라는 절대적인 크기 단위를 가지기 때문에 두 화면에 나타나는 차이가 큽니다.

◈ 스케일 값은 X축과 Y축의 첫 번째 값, 오프셋 값은 X축과 Y축의 두 번째 값에 해당합니다.

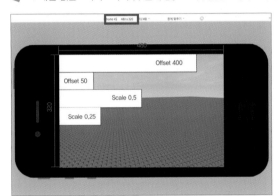 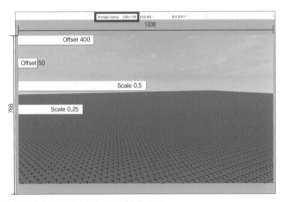

▲ 똑같은 스케일/오프셋 값을 가진 GUI 개체를 화면으로 본 모습 (좌: 모바일 / 우: PC)

따라서 **GUI는 스케일 값 위주로 크기를 조절**하는 게 좋습니다.

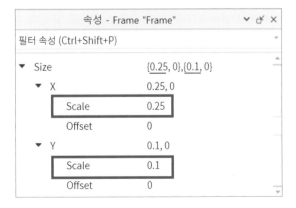

오프셋은 스케일 값과 같이 사용해서 큰 화면에서는 비교적 작게, 작은 화면에서는 비교적 크게 보이도록 보정하는 용도로 쓰는 게 좋습니다.

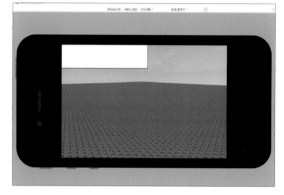

예를 들어 상대적으로 화면이 작은 모바일에서는 버튼이 비교적 크게 보입니다.

ScreenGui의 **AbsoluteSize** 속성에서는 현재 디바이스 화면 전체의 픽셀 크기를 확인할 수 있습니다.

SurfaceGui는 파트의 면 크기를 기준으로 삼는데, 기본적으로 1스터드당 50픽셀의 크기를 가집니다.

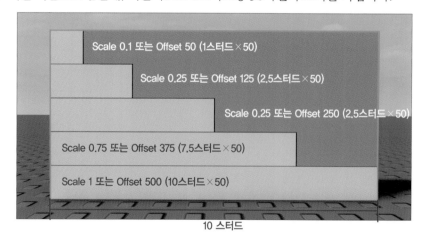

스터드당 픽셀은 **SurfaceGui**의 **PixelsPerStud** 속성에서 변경할 수도 있습니다.

▼ ⬡ Part			▼ **Sizing**	
▼ ▢ SurfaceGui			PixelsPerStud	50
▢ Frame			SizingMode	PixelsPerStud

3) GUI 개체의 위치 설정

GUI 개체의 **Position** 속성도 Size와 같이 **스케일 값**과 **오프셋 값**을 가집니다.

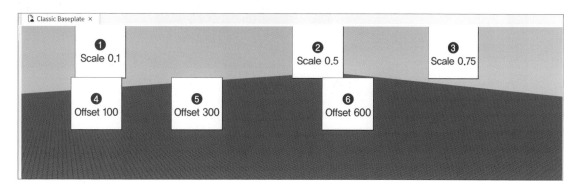

❶

▼ X		0.1, 0
	Scale	0.1
	Offset	0

❷

▼ X		0.5, 0
	Scale	0.5
	Offset	0

❸

▼ X		0.75, 0
	Scale	0.75
	Offset	0

❹

▼ X		0, 100
	Scale	0
	Offset	100

❺

▼ X		0, 300
	Scale	0
	Offset	300

❻

▼ X		0, 600
	Scale	0
	Offset	600

기본적으로 **Position**의 기준점은 GUI 개체의 **왼쪽 상단 꼭짓점**입니다. 예를 들어 **Position**을 0.5, 0, 0.5, 0 으로 설정하면 GUI 개체의 왼쪽 상단 꼭짓점이 중앙에 위치하게 됩니다.

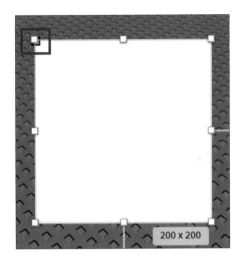

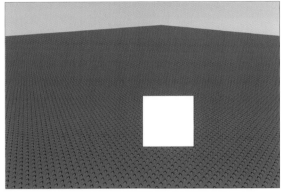

▲ Position의 기준점(왼쪽 상단 꼭짓점)이 중앙에 위치한 모습

기준점은 **AnchorPoint** 속성을 통해 수정할 수 있습니다. AnchorPoint의 첫 번째 값은 X축, 두 번째 값은 Y축을 나타냅니다.

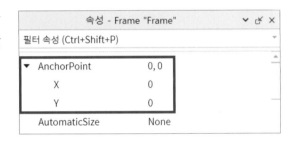

- **오른쪽 상단 기준**: 1, 0으로 설정

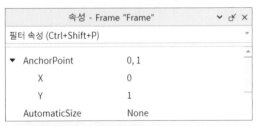

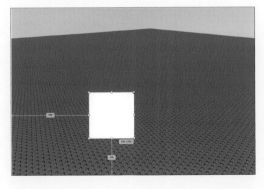

- **왼쪽 하단 기준**: 0, 1으로 설정

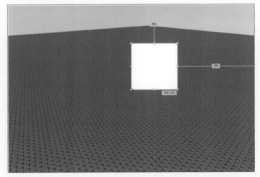

- **오른쪽 하단 기준: 1, 1로 설정**

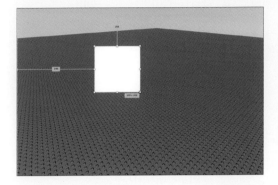

- **중앙 기준: 0.5, 0.5로 설정**

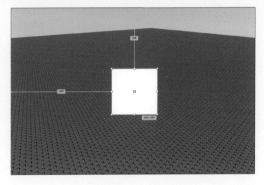

GUI 배치 위치에 따라 AnchorPoint를 적절히 조정하면 됩니다.

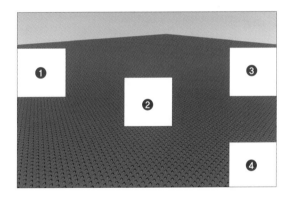

❶

▶ AnchorPoint	0, 0
▶ Position	{0, 0},{0.2, 0}

❷

▶ AnchorPoint	0.5, 0.5
▶ Position	{0.5, 0},{0.5, 0}

❸

▶ AnchorPoint	1, 0
▶ Position	{1, 0},{0.2, 0}

❹

▶ AnchorPoint	1, 1
▶ Position	{1, 0},{1, 0}

리셋(재설정) 버튼 만들기

타워를 올라가는 도중에 떨어지면 마지막 체크포인트로 돌아가야 합니다. 하지만 그렇다고 매번 메뉴에서 재설정을 누르긴 불편하니, 누르면 캐릭터를 곧바로 리스폰시키는 버튼을 만들어봅시다.

01 먼저 **StarterGui** 안에 **ScreenGui**를 준비합니다.

StarterGui는 탐색기에 있습니다.

02 ScreenGui의 이름을 **ResetButton**으로 지어줍니다.

03 **ResetButton** 안에 **TextButton** 개체를 추가합니다. 그러면 화면에 텍스트 버튼이 나타납니다.

04 **TextButton** 안에 **UICorner**도 넣어서 꼭짓점을 둥글게 만들어줍니다.

05 ResetButton을 **화면 오른쪽 중간**에 배치하겠습니다. **AnchorPoint**는 1, 0으로, **Position**은 1, 0, 0.4 ,0으로 설정합니다.

06 **크기**는 0.15, 10, 0.1, 10으로 설정합니다.

즉, 화면 전체 가로 길이의 15%, 세로 길이의 10%에 해당하는 크기에, 오프셋 값으로 10씩 보정해줍니다. GUI 개체의 크기 설정에 대한 자세한 내용은 GUI 편집 기초(p.74)를 참고해주세요.

07 BackgroundColor3 속성에서 배경색을 설정하고, **BackgroundTransparency** 속성에서 배경 투명도를 설정합니다.

BackgroundColor3	☐ [195, 195, 195]
BackgroundTranspar...	0.5

08 배경 설정이 적용된 GUI의 모습입니다.

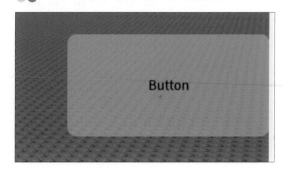

09 TextButton의 **Text** 속성값으로 **리셋**을 입력하고 **TextColor3** 속성에서 글자색을 설정합니다. 그리고 **RichText**와 **TextScaled** 속성을 **체크**하여 텍스트 크기를 설정합니다.

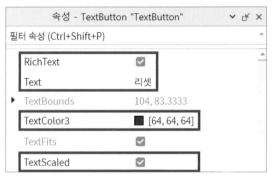

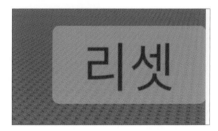

> 텍스트 관련 자세한 설명은 파트에 글씨 쓰기(p.47)를 참고해주세요.

10 이제 스크립트를 작성해보겠습니다. 먼저 **TextButton** 안에 **로컬 스크립트**를 추가합니다.

11 스크립트에서 TextButton을 정의해줍니다. 로컬 스크립트가 **TextButton** 안에 들어있으므로 **script.Parent**는 **TextButton**입니다.

```
1   local TextButton = script.Parent
```

12 **TextButton**에는 **Activated** 이벤트가 있습니다. 이 이벤트는 버튼을 클릭했을 때(태블릿/모바일에서는 터치했을 때) 실행됩니다.

```
4   TextButton.Activated
```

13 다음과 같이 입력하여 함수와 이벤트를 연결시켜줍니다.

```
4  ·TextButton.Activated:Connect(function()
```

그 다음 엔터(Enter)를 누르면 end가 자동 완성됩니다.

🔷 리셋 버튼을 클릭하면 function과 end 사이의 코드가 실행될 겁니다.

```
4  ·TextButton.Activated:Connect(function()
5
6  end)
```

NOTE   리셋 버튼의 원리

리셋 버튼의 원리는 이렇습니다. 플레이어 캐릭터 모델 안에는 **Humanoid**가 있습니다.

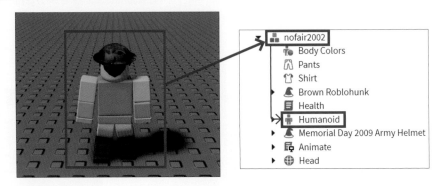

Humanoid의 **Health** 속성을 0으로 설정하면 캐릭터의 체력이 0이 되는데, 이 점을 활용해서 캐릭터를 리스폰하는 겁니다.

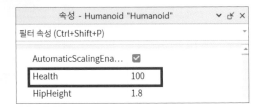

14 플레이어의 캐릭터를 구할 차례입니다. 캐릭터를 구하려면 우선 플레이어에 대해 정의해야 하는데, 그 이유는 플레이어 개체 안에 캐릭터 속성이 있기 때문입니다.

테스트를 실행해서 **Players** 안을 보면 자신의 플레이어 개체를 확인할 수 있는데,

🔷 해당 개체명은 플레이어 본인의 로블록스 아이디로 되어 있습니다

여기서 **Character** 속성이 플레이어의 캐릭터 모델을 가리킵니다.

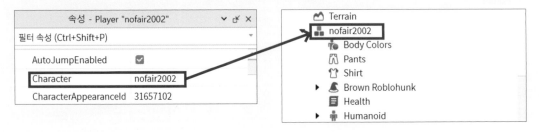

15 따라서 캐릭터 개체를 구하기 위해 플레이어를 먼저 구해줍니다.

```
1  local TextButton = script.Parent
2  local Player = game.Players.LocalPlayer
```

◆ game.Players.LocalPlayer는 플레이어 자신을 나타냅니다. 여기서 구한 플레이어가 곧 버튼을 누른 플레이어입니다.

16 조건문으로 플레이어의 캐릭터가 존재하는지 확인합니다. 조건문 안에 쓴 코드는 **Character** 값이 존재할 때만 실행됩니다.

```
4  TextButton.Activated:Connect(function()
5      if Player.Character then
6
7      end
8  end)
```

17 조건문 안에서 **Character** 안의 **Humanoid**를 구해주고,

```
4  TextButton.Activated:Connect(function()
5      if Player.Character then
6          Player.Character.Humanoid
7      end
8  end)
```

18 **Humanoid**의 **Health** 속성을 **0**으로 설정합니다.

```
4  TextButton.Activated:Connect(function()
5      if Player.Character then
6          Player.Character.Humanoid.Health = 0
7      end
8  end)
```

19 완성된 리셋 버튼 스크립트입니다.

```
1  local TextButton = script.Parent
2  local Player = game.Players.LocalPlayer
3
4  TextButton.Activated:Connect(function()
5      if Player.Character then
6          Player.Character.Humanoid.Health = 0
7      end
8  end)
```

20 직접 테스트해보면 **리셋** 버튼을 눌렀을 때 캐릭터 체력이 0이 됩니다.

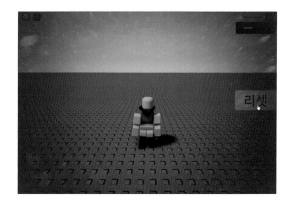

로블록스 스튜디오 TIP! 보너스 TIP

1. 리셋 버튼이 작동하지 않는다면?

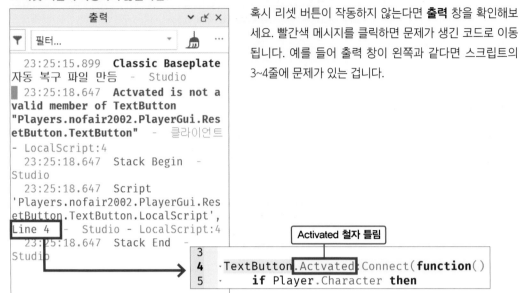

혹시 리셋 버튼이 작동하지 않는다면 **출력** 창을 확인해보세요. 빨간색 메시지를 클릭하면 문제가 생긴 코드로 이동됩니다. 예를 들어 출력 창이 왼쪽과 같다면 스크립트의 3~4줄에 문제가 있는 겁니다.

2. 리스폰 쿨타임 설정하기

리스폰 쿨타임은 **Players**의 **RespawnTime** 속성에서 설정할 수 있습니다.

3. 도구 상자에서 리셋 버튼 가져오기

완성된 리셋 버튼 GUI는 제가 **도구 상자**에도 따로 올려두었습니다. 필요할 때 도구 상자에서 가져와서 **StarterGui**에 넣어쓰시면 됩니다.

🔖 참고로 **CHAPTER 05**에 **리셋(재설정) 단축키 R 만들기** 유닛이 있습니다. 단축키도 만들어서 리셋 버튼과 함께 쓰시면 좋습니다.

③ 배경음악 플레이어 만들기

배경음악을 재생하고 정지하는 버튼을 만들어봅시다.

1) 버튼과 음악 준비하기

01 리셋 버튼을 처음 만든 때처럼 **StarterGui** 안에 **ScreenGui**를 추가합니다.

02 **ScreenGui**의 이름을 **MusicGui**라고 지어줍니다.

03 **MusicGui** 안에 **TextButton**을 추가하고 그 안에는 **UICorner**를 추가합니다.

04 **TextButton**은 리셋 버튼 만들 때 배운 것을 토대로 자유롭게 꾸며줍니다. 저는 다음과 같이 속성을 설정했습니다.

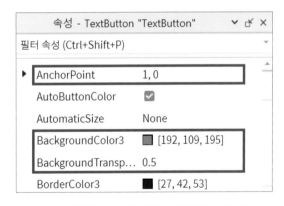

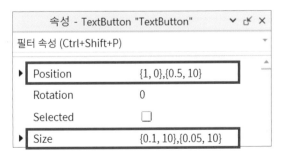

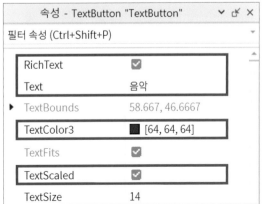

05 **TextButton**은 다음과 같은 모습입니다. 리셋 버튼만큼 자주 누를 필요가 없어서 비교적 작게 만들었습니다.

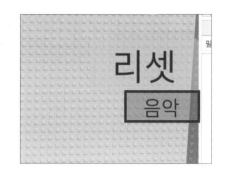

🏳️ 이후 리셋 단축키를 만들면 리셋 버튼도 음악 재생 버튼과 같은 크기로 줄일 계획입니다.

06 버튼을 눌렀을 때 재생할 음악을 설정해줍니다. **Workspace** 안에 **폴더**(Folder)를 하나 추가합니다.

07 **Music**이라고 이름을 지어줍니다.

08 Music 폴더를 선택한 채 도구 상자에서 원하는 음악을 검색하여 추가합니다.

🏳️ 원하는 만큼 폴더에 음악을 추가해주세요.

🏳️ 음악 파일들 하나하나가 사운드 개체(Sound)입니다. 나중에 음악 관련 스크립트에서 이 개체를 언급할 땐 편의상 음악이라는 표현 대신 '사운드'라는 표현을 쓰겠습니다.

09 각 사운드 개체의 **Preview** 속성에서 음악을 다시 들어볼 수 있습니다.

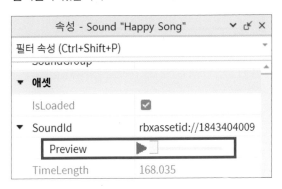

10 **PlaybackSpeed**에서 재생 속도를, **Volume**에서 볼륨을 설정할 수 있습니다.

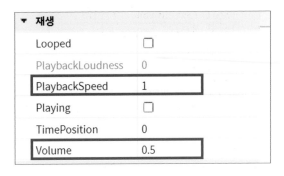

고수들을 위한 TIP! **음악에 음향 효과 넣기**

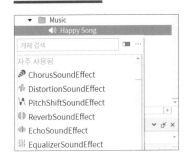

사운드 개체 안에 여러 음향 효과를 추가하는 것도 가능합니다. 추가된 효과는 **Preview**에서 미리 들어볼 수도 있으니, 여러 가지를 추가하면서 한 번씩 실험해보세요!

---

2) 음악 일시정지 스크립트

음악을 재생하고 일시정지해주는 스크립트를 작성해보겠습니다.

01 **TextButton** 안에 **로컬 스크립트**를 추가합니다.

02 스크립트 첫 번째 줄에서는 **TextButton**를 구해줍니다.

```
1  local TextButton = script.Parent
```

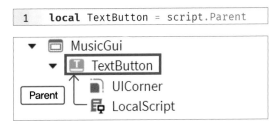

03 두 번째 줄에서는 **Workspace** 안의 **Music** 폴더를 구해줍니다.

```
1    local TextButton = script.Parent
2    local Music = workspace.Music
```

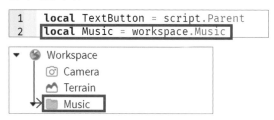

04 **CurrentMusic**이라는 변수를 선언합니다.

```
1    local TextButton = script.Parent
2    local Music = workspace.Music
3
4    local CurrentMusic
```

◆ CurrentMusic은 현재 재생 중인 사운드 개체를 저장해줄 변수입니다. 변수의 이름 중 C와 M은 대문자로 입력해주세요.

05 버튼을 눌러 사운드를 일시정지하는 기능부터 넣겠습니다. **TextButton.Activated** 이벤트는 버튼을 눌렀을 때 트리거(실행)됩니다.

```
6    TextButton.Activated
```

06 **Activated** 이벤트와 함수를 연결합니다.

```
6    ·TextButton.Activated:Connect(function()
7
8    end)
```

◆ Activated 이벤트가 트리거(반응)하면 function과 end 사이의 코드가 실행됩니다.

07 버튼을 눌렀을 때 사운드가 재생 중이면 일시정지하고, 일시정지된 상태면 다시 재생하려 합니다. 이처럼 조건에 따라 다른 코드를 실행할 땐 조건문을 씁니다.

```
6    ·TextButton.Activated:Connect(function()
7        if
8    end)
```

◆ 조건문은 if로 시작합니다.

08 if 뒤에 **CurrentMusic.IsPlaying**이라고 씁니다.

```
6    ·TextButton.Activated:Connect(function()
7        if CurrentMusic.IsPlaying
8    end)
```

◆ IsPlaying은 사운드가 재생 중인지를 나타냅니다.

09 한 칸 띄우고 **then**이라고 적습니다.

```
6    ·TextButton.Activated:Connect(function()
7        if CurrentMusic.IsPlaying then
8    end)
```

10 엔터를 치면 **end**가 자동으로 완성됩니다.

```
6    ·TextButton.Activated:Connect(function()
7    ·    if CurrentMusic.IsPlaying then
8
9        end
10   end)
```

◆ CurrentMusic의 값을 아직 지정해주지 않았기에 파란 밑줄이 그어집니다.

NOTE 알쏭달쏭한 프로그래밍 용어 정리

앞으로 스크립트를 작성하는 과정에서 알쏭달쏭한 표현들이 등장하게 될 겁니다. 특히 아래와 같은 표현을 자주 만나게 될 텐데요, 코딩을 처음 해보거나 익숙하지 않은 분이라면 참조해보길 바랍니다.

1) 트리거됩니다 → 반응합니다, 실행됩니다
   예: ○○○ 이벤트가 트리거되면 → ○○○ 이벤트가 반응하면
       ○○ 이벤트는 □□했을 때 트리거됩니다 → ○○ 이벤트는 □□했을 때 연결된 함수를 실행합니다
2) 선언한다 → 만든다
   예: 함수를 선언합니다 → 함수를 만듭니다
       변수를 선언합니다 → 변수를 만듭니다
3) 호출한다 → 부른다, 실행한다
   예: 함수를 호출합니다 → 함수를 부릅니다, 함수를 실행합니다
       ○○○할 때 호출할 함수를 선언합니다 → ○○○할 때 불러낼, 실행할 함수를 만듭니다

11 then과 end 사이에 else라고 적습니다.

```
6   ┌TextButton.Activated:Connect(function()
7   │    if CurrentMusic.IsPlaying then
8   │              재생 중일 경우
9   │    ┌else┐
10  │    └────┘     재생 중이 아닌 경우
11  │      end
12    end)
```

🗨 then과 else 사이의 코드는 사운드가 재생 중일 때 실행되고, else
와 end 사이 코드는 사운드가 재생 중이 아닐 때 실행됩니다.

12 사운드가 재생 중이라면 **CurrentMusic:Pause()**
라 고 써서 사운드를 일시정지합니다.

```
6   ┌TextButton.Activated:Connect(function()
7   │    if CurrentMusic.IsPlaying then
8   │        ┌CurrentMusic:Pause()┐
9   │    else └──────────────────┘
10  │
11  │      end
12    end)
```

13 사운드가 재생 중이 아니라면, 일시정지 상태라
는 뜻이므로 **Resume()**을 써서 다시 재생합니다. 버튼
을 눌러 사운드를 일시정지하고 다시 재생할 수 있게
했습니다.

```
6   ┌TextButton.Activated:Connect(function()
7   │    if CurrentMusic.IsPlaying then
8   │        CurrentMusic:Pause()
9   │    else
10  │        ┌CurrentMusic:Resume()┐
11  │      end └───────────────────┘
12    end)
```

고수들을 위한 TIP! 사운드 재생 여부에 따라 버튼에 나타나는 텍스트 바꾸기

사운드를 일시정지할 때 버튼에 나타나는 텍
스트도 수정해도 됩니다. 켜졌을 땐 On, 꺼졌
을 땐 Off라고 써서 현재 음악이 재생 중인지
나타내는 겁니다.

🗨 이때 \n은 줄바꿈을 나타냅니다.

```
6   ┌TextButton.Activated:Connect(function()
7   │    if CurrentMusic.IsPlaying then
8   │        CurrentMusic:Pause()
9   │        ┌TextButton.Text = "음악\nOff"┐
10  │    else └────────────────────────────┘
11  │        ┌TextButton.Text = "음악\nOn"┐
12  │        CurrentMusic:Resume() └──────┘
13  │      end
14    end)
```

---

3) 사운드 재생 함수 만들기

다음은 사운드 재생을 시작해보겠습니다. 폴더에 추
가된 사운드 개체들은 무작위로 재생할 수도 있고,
특정 순서에 따라 재생할 수도 있습니다. 스크립트를
작성하면서 두 가지 모두 알려드리겠습니다.

▼ 📁 Music
　　🔊 Happy Song
　　🔊 Paradise Falls
　　🔊 Relaxed Scene

01 사운드를 재생할 때 호출할(불러낼) 함수를 선언
해줍니다(만듭니다). **PlayNewSound**라고 이름을 지어
주었습니다.

```
15   function PlayNewSound()
16
17   end
```

🗨 P. N. S는 대문자로 입력해주세요.

02 PlayNewSound 함수는 무작위로 재생할 때랑 특
정 순서로 재생할 때의 코드가 다릅니다. 다음으로 넘어
가서 하나씩 알아보겠습니다.

03 먼저 **무작위로 재생**하는 방법부터 다뤄보겠습니다. 함수 윗줄에서 사운드 목록을 불러옵니다. 변수를 선언해서 **Music:GetChildren( )** 한 것을 반환받습니다.

```
14  local MusicList = Music:GetChildren()
15  function PlayNewSound()
16
17    end
```

04 MusicList에 들어온 것은 폴더 안에 넣었던 사운드 개체들의 목록입니다.

▼ 📁 Music
    🔊 Happy Song
    🔊 Paradise Falls
    🔊 Relaxed Scene

05 MusicList 안의 사운드 개체들은 1부터 사운드 개수까지 번호가 매겨집니다(다만 순서는 매번 달라져서 무엇이 몇 번인지는 알 수 없습니다).

▼ 📁 Music
    1 🔊 Happy Song
    2 🔊 Paradise Falls
    3 🔊 Relaxed Scene

06 **math.random** 함수를 통해 무작위로 번호를 하나 뽑을 겁니다.

```
15  function PlayNewSound()
16    math.random()
17    end
```

07 함수 안에 **1**과 **#MusicList**를 써줍니다. MusicList 안에 있는 사운드 중 하나만 무작위로 뽑는다는 의미입니다.

```
15  function PlayNewSound()
16    math.random(1, #MusicList)
17    end
```

◈ MusicList 앞에 샵(#)을 붙이면 리스트의 길이를 구할 수 있습니다. 리스트의 요소 개수를 리스트의 길이라고 표현하는데, 여기서는 MusicList 안에 들어있는 사운드 개수라고 이해하시면 됩니다.

08 뽑은 숫자는 **number** 변수에 반환받습니다.

```
15  function PlayNewSound()
16    local number = math.random(1, #MusicList)
17    end
```

09 MusicList에서 number에 해당하는 사운드를 구합니다.

```
15  function PlayNewSound()
16    local number = math.random(1, #MusicList)
17    MusicList[number]
18    end
```

10 **Play( )** 함수를 호출해서 사운드를 재생합니다.

```
15  function PlayNewSound()
16    local number = math.random(1, #MusicList)
17    MusicList[number]:Play()
18    end
```

11 현재 재생 중인 사운드를 **CurrentMusic** 변수에 저장합니다.

```
15  function PlayNewSound()
16    local number = math.random(1, #MusicList)
17    MusicList[number]:Play()
18    CurrentMusic = MusicList[number]
19    end
```

12 사운드를 무작위로 재생하는 **PlayNewSound** 함수가 완성되었습니다.

```
14  local MusicList = Music:GetChildren()
15  function PlayNewSound()
16    local number = math.random(1, #MusicList)
17    MusicList[number]:Play()
18    CurrentMusic = MusicList[number]
19    end
```

13 이번에는 **특정 순서에 따라 재생**하는 방법을 알아보겠습니다. **PlayNewSound** 함수 윗줄에 다음과 같이 사운드 목록을 만들어줍니다.

```
14  local MusicList = {}
15  function PlayNewSound()
16
17  end
```

◪ 특정 순서 재생 스크립트는 무작위 재생과는 별개의 스크립트로 작성합니다.

14 중괄호 안에 **Music["사운드이름"]** 형식으로 각 사운드 개체를 적어주면 됩니다. 모든 사운드는 한 줄에 몰아서 적어도 되고, 알아보기 쉽게 줄을 바꿔서 적어도 됩니다.

```
14  local MusicList = {Music["Happy Song"],
15      Music["Relaxed Scene"],
16      Music["Paradise Falls"]
17  }
```

◪ 폴더 안의 사운드 개체들과 이름이 완전히 일치해야 합니다. 그리고 사운드 사이에는 반드시 쉼표로 구분해주세요.

15 이때 입력한 순서대로 1번째 사운드부터 재생됩니다.

```
14  local MusicList = {Music["Happy Song"], 1
15      Music["Relaxed Scene"], 2
16      Music["Paradise Falls"] 3
17  }
```

16 현재 재생 번호를 저장할 변수를 만듭니다. 처음에는 **1**로 시작합니다.

```
14  local MusicList = {Music["Happy Song"],
15      Music["Relaxed Scene"],
16      Music["Paradise Falls"]
17  }
18  local number = 1
19  function PlayNewSound()
```

17 MusicList에 현재 번호를 입력해 재생할 사운드를 찾습니다. 그리고 **Play( )** 함수를 호출합니다. **PlayNewSound** 함수가 호출될 때마다 번호에 알맞는 사운드를 재생하는 겁니다.

```
19  function PlayNewSound()
20      MusicList[number]:Play()
21  end
```

18 현재 재생 중인 사운드를 **CurrentMusic** 변수에 저장합니다.

```
19  function PlayNewSound()
20      MusicList[number]:Play()
21      CurrentMusic = MusicList[number]
22  end
```

19 재생 번호에 1을 더해줍니다. 1이면 2로, 2면 3으로, 3이면 4로 바꿔주는 겁니다. **PlayNewSound** 함수가 다시 호출될 때 다음 번호의 음악을 재생하게 합니다.

```
19  function PlayNewSound()
20      MusicList[number]:Play()
21      CurrentMusic = MusicList[number]
22      number = number + 1
23  end
```

20 다음 재생 번호가 리스트 길이(MusicList에 들어있는 사운드의 개수)보다 큰지 확인합니다.

```
19  function PlayNewSound()
20      MusicList[number]:Play()
21      CurrentMusic = MusicList[number]
22      number = number + 1
23      if number > #MusicList
24  end
```

◪ MusicList 앞에 샵(#)을 붙이면 리스트 길이를 구할 수 있습니다.

21 재생번호가 리스트 길이를 초과했다면 마지막 사운드까지 재생이 끝났다는 뜻이므로 번호를 다시 **1**로 바꿉니다. 맨 처음으로 되돌아가는 겁니다.

```
21          CurrentMusic = MusicList[number]
22          number = number + 1
23          if number > #MusicList then
24              number = 1
25          end
26      end
```

22 특정 순서에 따라 사운드를 재생하는 **PlayNew Sound** 함수가 완성되었습니다.

```
14      local MusicList = {Music["Happy Song"],
15          Music["Relaxed Scene"],
16          Music["Paradise Falls"]
17      }
18      local number = 1
19      function PlayNewSound()
20          MusicList[number]:Play()
21          CurrentMusic = MusicList[number]
22          number = number + 1
23          if number > #MusicList then
24              number = 1
25          end
26      end
```

고수들을 위한 TIP! Resume( ) 함수와 Play( ) 함수의 차이

음악 일시정지 스크립트에서 사용한 **Resume( )** 함수는 사운드를 일시정지한 위치에서 다시 재생할 때 사용합니다.

```
CurrentMusic:Resume()
```

반면 **Play( )** 함수는 사운드를 처음부터 재생 시작할 때 사용합니다.

```
MusicList[number]:Play()
```

4) 음악이 끝나면 다음 음악 재생하기

여기부터는 무작위 재생이든 특정 순서에 따른 재생이든 상관없이 동일합니다.

01 for i, v in pairs( )라고 씁니다.

```
20      for i, v in pairs()
```

◈ PlayNewSound 함수가 끝나는 지점에 씁니다. 함수 길에에 따라 코드 줄 번호가 예시보다 클 수도 있습니다.

02 괄호 안에 **MusicList**를 넣고, 괄호 바깥에 **do**라고 쓴 후 엔터를 칩니다. 그러면 end가 자동완성됩니다.

```
20      for i, v in pairs(MusicList) do
```

NOTE for문 이해하기

for문은 **MusicList** 안 항목들을 하나씩 순회하는 반복문입니다. i는 각 항목 번호를, v는 각 사운드 개체를 나타냅니다. i가 1일 때 한 번, 2일 때 한 번, 3일 때 한 번, ...마지막 번호까지 do와 end 사이 코드를 반복하는 겁니다.

```
20      for i, v in pairs(MusicList) do
21
22      end
```

03 v.Ended라고 씁니다. 각 사운드 개체가 끝까지 재생 완료되었을 때 실행되는 이벤트입니다.

```
20  ·for i, v in pairs(MusicList) do
21       v.Ended
22  end
```

04 앞서 **Activated** 이벤트에 했던 것처럼 **:Connect( )** 를 써줍니다.

```
20  ·for i, v in pairs(MusicList) do
21       v.Ended:Connect()
22  end
```

05 괄호 안에는 **PlayNewSound**라고 바로 적어줍니다. 그러면 사운드 재생이 완료될 때(Ended 이벤트) **PlayNewSound** 함수가 호출됩니다.

```
20  ·for i, v in pairs(MusicList) do
21       v.Ended:Connect(PlayNewSound)
22  end
```

06 맨 마지막에 **PlayNewSound( )**를 호출합니다. 모든 준비가 끝난 후 첫 음악부터 재생을 시작하는 겁니다.

```
20  ·for i, v in pairs(MusicList) do
21       v.Ended:Connect(PlayNewSound)
22  end
23
24  PlayNewSound()
```

NOTE 첫 곡 선곡하기

무작위 재생의 경우, PlayNewSound() 대신 원하는 사운드를 골라 직접 **Play( )** 함수를 호출해도 됩니다. 해당 음악이 가장 먼저 재생됩니다.

```
24  Music["Happy Song"]:Play()
```

07 완성된 두 가지 재생 스크립트입니다.

- 무작위 재생

```
1   local TextButton = script.Parent
2   local Music = workspace.Music
3
4   local CurrentMusic
5
6  ·TextButton.Activated:Connect(function()
7  ·    if CurrentMusic.IsPlaying then
8          CurrentMusic:Pause()
9  ·    else
10         CurrentMusic:Resume()
11     end
12  end)
13
14  local MusicList = Music:GetChildren()
15 ·function PlayNewSound()
16     local number = math.random(1, #MusicList)
17     MusicList[number]:Play()
18     CurrentMusic = MusicList[number]
19  end
20
21 ·for i, v in pairs(MusicList) do
22     v.Ended:Connect(PlayNewSound)
23  end
24
25  PlayNewSound()
```

- 특정 순서 재생

```
1   local TextButton = script.Parent
2   local Music = workspace.Music
3
4   local CurrentMusic
5
6  ·TextButton.Activated:Connect(function()
7  ·    if CurrentMusic.IsPlaying then
8          CurrentMusic:Pause()
9  ·    else
10         CurrentMusic:Resume()
11     end
12  end)
13
14 ·local MusicList = {Music["Happy Song"],
15     Music["Relaxed Scene"],
16     Music["Paradise Falls"]
17  }
18  local number = 1
19 ·function PlayNewSound()
20     MusicList[number]:Play()
21     CurrentMusic = MusicList[number]
22     number = number + 1
23 ·    if number > #MusicList then
24         number = 1
25     end
26  end
27
28 ·for i, v in pairs(MusicList) do
29     v.Ended:Connect(PlayNewSound)
30  end
31  PlayNewSound()
```

08 테스트해보면 캐릭터가 리스폰될 때마다 초기화
됩니다. ScreenGui의 ResetOnSpawn 속성을 해제해서
초기화를 막습니다.

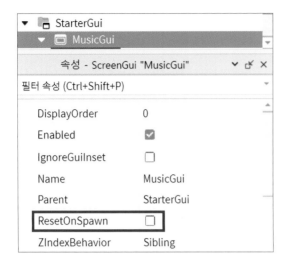

NOTE Activated 이벤트 트리거의 실행 여부
는 Active 속성에서 설정합니다

TextButton의 Active 속성이 체크박스가 해제
된 상태에서는 Activated 이벤트가 트리거되지
않습니다. 혹시 스크립트가 이유 없이 작동하지
않는다면 이 속성을 한 번 확인해보세요.

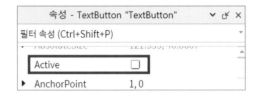

로블록스 스튜디오 TIP!   도구 상자에서 배경음악 버튼을 가져오기

이번 유닛에 만든 배경음악 버튼은 도구 상자에도 업로드되어 있습니다.
이 버튼은 무작위 재생 방식에 활용할 수 있으며, Music 폴더와 MusicGui 두 가지 개체로 구성되어 있습니다.

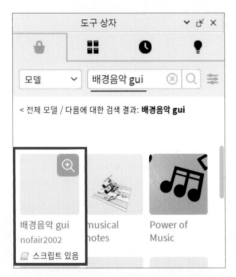

버튼을 사용하려면 Music 폴더는 Workspace로, MusicGui는 StarterGui로 옮기면 됩니다.

스테이지 이동 GUI 만들기

지금까지 클리어한 스테이지들을 오갈 수 있는 버튼을 만들어봅시다.

1) 스테이지 번호 매기기

먼저 각 체크포인트가 몇 번째 스테이지인지 설정해주어야 합니다.

01 **탐색기**에서 **Workspace** 안에 **폴더**를 추가합니다.

02 폴더 이름은 **Spawns**로 지어줍니다.

03 모든 체크포인트와 최초 스폰까지 **Spawns** 안에 넣습니다.

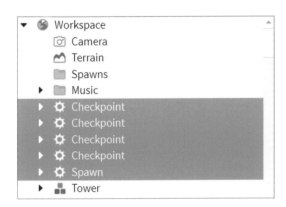

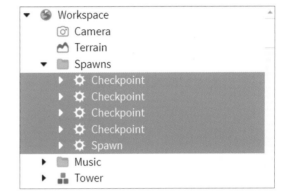

04 최초 스폰의 이름을 **1**로 바꿉니다.

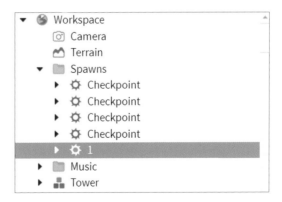

05 각 체크포인트의 이름도 순서대로 번호(2, 3, 4, 5, ...)를 매겨줍니다.

06 맨 마지막 스테이지까지 번호를 매긴 모습입니다.

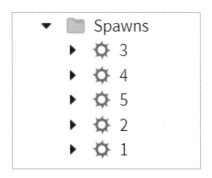

2) 스테이지 기록하기

01 **도구 상자**에서 **스테이지 리더보드**라고 검색해서 **리더보드 스크립트**를 가져옵니다.

02 가져온 스크립트를 **ServerScriptService**로 옮겨줍니다.

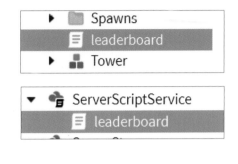

03 이 상태에서 **테스트**를 실행합니다. 그러면 탐색기에서 **플레이어** 안에 **leaderboard**라는 폴더 그리고 그 안에 **스테이지** 개체가 자동으로 추가됩니다. 하나씩 살펴볼까요?

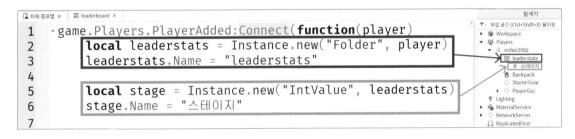

04 **스테이지** 개체에는 **Value**라는 속성이 있습니다. 이 속성은 플레이어의 현재 스테이지를 저장하는 기능을 합니다.

05 이제 리더보드 스크립트를 살펴보겠습니다. 아래 그림에 표시한 부분이 스테이지를 기록하는 주요 내용인데, 어떤 기능을 하는지 알아봅시다.

```lua
game.Players.PlayerAdded:Connect(function(player)
    local leaderstats = Instance.new("Folder", player)
    leaderstats.Name = "leaderstats"

    local stage = Instance.new("IntValue", leaderstats)
    stage.Name = "스테이지"

    player.CharacterAdded:Connect(function(character)
        local Humanoid = character.Humanoid

        Humanoid.Touched:Connect(function(hit)
            if hit:IsA("SpawnLocation") then

                local stageNumber = tonumber(hit.Name)
                if stage.Value + 1 == stageNumber then

                    stage.Value = stageNumber
                    player.RespawnLocation = hit
                end
            end
        end)
    end)
end)
```

06 리셋 버튼 만들기(p.84)에서 배웠듯이, 플레이어 캐릭터 안에는 **Humanoid**가 있습니다.

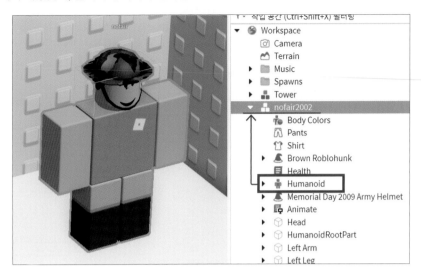

07 11줄의 **Humanoid.Touched** 이벤트는 캐릭터가 다른 파트에 닿았을 때 트리거됩니다.

```
11    Humanoid.Touched:Connect(function(hit)
```

08 조건문 if로 캐릭터가 닿은 파트가 **SpawnLocation**인지 확인하고,

```
11    Humanoid.Touched:Connect(function(hit)
12        if hit:IsA("SpawnLocation") then
```

SpawnLocation이 맞다면 이름에 적힌 번호를 구해서 **stageNumber** 변수에 저장합니다.

```
11    Humanoid.Touched:Connect(function(hit)
12        if hit:IsA("SpawnLocation") then
13
14            local stageNumber = tonumber(hit.Name)
```

NOTE 문자열을 숫자로 변환해주는 함수 tonumber

tonumber는 문자열 값을 숫자로 바꿔주는 역할을 합니다. 방금 본 코드에서는 Name이 가진 문자열 값(즉, 우리가 수정한 스폰, 체크포인트의 이름)을 숫자로 변환해준 겁니다.

```
tonumber(hit.Name)
```

우리 눈에는 똑같은 글자인데도 tonumber로 값을 변환한 이유는, 코딩에서는 문자와 숫자를 서로 다른 값으로 구분하기 때문입니다. 같은 1이라도 하나는 문자열, 하나는 숫자 값이면 다르다고 인식하는 것이죠. 둘을 비교하려면 같은 형식으로 통일해야 합니다.

숫자		문자열
1	$\sim=$	$"1"$

⬦ 코딩에서 ~=는 서로 같지 않음(Not) 혹은 거짓(False)이라는 의미를 가진 연산자입니다.

그래서 저는 tonumber로 문자열 값을 숫자로 바꿔준 겁니다. 그러면 둘 모두 숫자 형식으로 통일되므로 값을 비교할 수 있습니다.

```
tonumber("1") --> 1
```

09 방금 stageNumber에 저장한 번호와 현재 스테이지 번호를 비교합니다.

```
14          local stageNumber = tonumber(hit.Name)
15          if stage.Value + 1 == stageNumber then
```

저장한 번호보다 스테이지 번호가 딱 1만큼 커야 합니다. 그 이유는 1에서 3 스테이지로 건너뛰거나 2에서 1 스테이지로 역주행하는 것을 방지하기 위해서입니다.

10 저장한 번호가 현재 스테이지 번호보다 1만큼 큰 것이 맞다면, 저장한 번호를 현재 스테이지 값으로 갱신합니다.

```
14          local stageNumber = tonumber(hit.Name)
15          if stage.Value + 1 == stageNumber then
16
17              stage.Value = stageNumber
```

11 리스폰 지점도 해당 **SpawnLocation**으로 설정합니다.

```
15          if stage.Value + 1 == stageNumber then
16
17              stage.Value = stageNumber
18              player.RespawnLocation = hit
```

3) GUI 만들기

리더보드 값을 바탕으로 스테이지 사이를 이동시키는 GUI를 만들어봅시다.

01 **StarterGui** 안에 **ScreenGui**를 추가합니다.

02 **ScreenGui** 안에 **TextLabel**과 **TextButton**을 추가합니다.

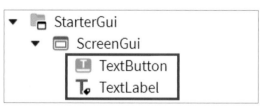

03 **TextLabel**의 이름을 **Stage**라고 적습니다. 현재 스테이지를 표시해줄 개체입니다.

04 **TextLabel**의 속성은 다음과 같이 설정합니다.

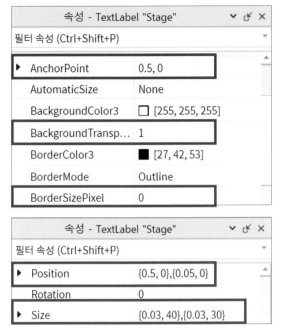

각 속성에 대한 자세한 설명은 파트에 글씨 쓰기(p.47)과 GUI 편집 기초(p.74)을 참조해주세요.

05 설정이 끝났다면 화면 위쪽 중앙에 **0** 숫자가 나타난 모습일 겁니다.

06 **TextButton**의 이름은 **Left**라고 지어줍니다.

07 **TextButton**의 속성은 다음과 같이 설정합니다.

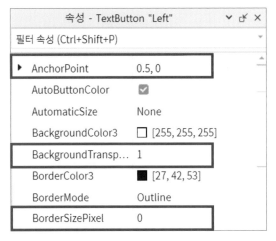

08 **TextButton**을 복사하고 이름
을 **Right**라고 짓습니다.

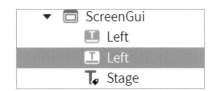

09 **Right**(복사본)가 오른쪽에 위치하도록 **Position** 값을 수정하고, 오른쪽을 가리키는 의미로 Text에 **>** 문자를 입력합니다. 그러면 다음과 같은 화면이 보일 겁니다.

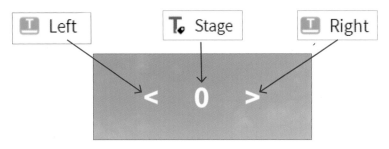

10 ScreenGui의 이름은 **StageButton**으로 수정합니다.

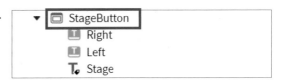

4) GUI에 번호 표시하기

01 **StageButton** 안에 **로컬 스크립트**를 추가합니다.

02 **StageButton**을 찾아줍니다.

03 **Stage, Left, Right**를 찾아줍니다.

```
1  local StageButton = script.Parent
2  local Stage = StageButton.Stage
3  local Left = StageButton.Left
4  local Right = StageButton.Right
```

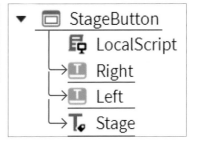

04 플레이어 개체를 찾아줍니다. **로컬 스크립트**는 **Players**의 **LocalPlayer** 속성을 통해 플레이어 자신을 구할 수 있습니다. 테스트를 실행한 후 아래와 같이 **LocalPlayer** 속성을 보면 자신의 아이디를 확인할 수 있습니다.

```
6  local Player = game.Players.LocalPlayer
```

왼쪽은 LocalPlayer 속성에서 제 아이디인 nofair2002가 확인된 모습입니다.

05 다음으로 플레이어 리더보드를 찾아줍니다.

```
6  local Player = game.Players.LocalPlayer
7  local leaderstats
```

06 리더보드 스크립트가 리더보드 폴더(leadersts)를 만들 때 시간이 걸릴 수 있으므로 **WaitForChild( )** 함수를 사용합니다.

```
6   local Player = game.Players.LocalPlayer
7   local leaderstats = Player:WaitForChild("leaderstats")
```

◆ WaitForChild는 찾는 개체가 없는 경우, 개체가 생성될 때까지 기다려줍니다.
  W, F, C는 대문자로 입력해주세요.

07 **리더보드** 안의 **스테이지** 개체를 찾아줍니다.

```
7   local leaderstats = Player:WaitForChild("leaderstats")
8
9   leaderstats["스테이지"]
```

▼ ⊙ nofair2002
  ▼ 📁 leaderstats
    ↳ # 스테이지

08 스테이지의 **Changed** 이벤트는 스테이지 값이 바뀌었을 때 트리거됩니다.

```
9   leaderstats["스테이지"].Changed:Connect()
```

09 이벤트를 함수와 연결해줍니다.

```
9   ·leaderstats["스테이지"].Changed:Connect(function()
10
11    end)
```

10 스테이지 값이 바뀔 때마다 새 스테이지 값을 **Stage**의 **Text**에 갱신합니다. 이렇게 새 스테이지 값을 표시합니다.

```
9   ·leaderstats["스테이지"].Changed:Connect(function()
10    Stage.Text = leaderstats["스테이지"].Value
11    end)
```

11 **테스트**해보면 단계가 넘어갈 때마다 중간의 숫자가 바뀝니다.

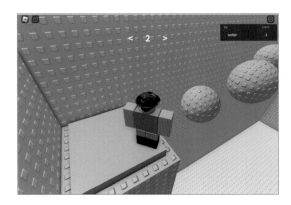

◆ 아직은 숫자만 바뀔 뿐, 화살표는 작동하지 않습니다.

12 스테이지 값이 바뀔 때 갱신하는 것도 중요하지만, 맨 처음에 스테이지 값을 맞춰주는 것도 중요합니다. 앞에서 테스트했을 때는 숫자가 처음에 0부터 시작했는데, 코드를 추가하고 다시 테스트하면 1부터 시작하게 될 겁니다.

```lua
 9  ·leaderstats["스테이지"].Changed:Connect(function()
10      Stage.Text = leaderstats["스테이지"].Value
11  end)
12  Stage.Text = leaderstats["스테이지"].Value
```

13 지금까지 작성한 코드입니다.

```lua
 1  local StageButton = script.Parent
 2  local Stage = StageButton.Stage
 3  local Left = StageButton.Left
 4  local Right = StageButton.Right
 5
 6  local Player = game.Players.LocalPlayer
 7  local leaderstats = Player:WaitForChild("leaderstats")
 8
 9  ·leaderstats["스테이지"].Changed:Connect(function()
10      Stage.Text = leaderstats["스테이지"].Value
11  end)
12  Stage.Text = leaderstats["스테이지"].Value
```

5) 스테이지 이동하기

스테이지 이동에 필요한 개체들을 찾아줍시다.

01 플레이어의 캐릭터 개체를 찾아줍니다. 플레이어 개체의 **Character** 속성을 통해 구할 수 있습니다.

```lua
 9  local Character = Player.Character
```

🚩 9번 줄에 원래 있던 코드는 엔터를 쳐서 다음 줄로 보내주세요.

02 만약 캐릭터가 아직 스폰되지 않았다면 캐릭터가 스폰될 때(CharacterAdded)까지 기다립니다. 속성을 통해 구할 수 있습니다.

```lua
 9  local Character = Player.Character or Player.CharacterAdded:Wait()
```

03 Workspace의 Spawns 폴더를 찾아줍니다. 스폰과 체크포인트를 모아두었던 폴더입니다.

```lua
 9   local Character = Player.Character or
10   local Spawns = workspace.Spawns
```

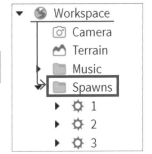

04 TextButton(Left, Right)의 **Activated** 이벤트는 버튼을 클릭했을 때 트리거 됩니다.

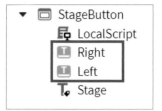

```
12    Left.Activated
13
14
15    Right.Activated
```

05 **Left, Right** 버튼에서 각각 **Activated** 이벤트와 함수를 연결해줍니다.

```
12  ⌐Left.Activated:Connect(function()
13
14    end)
15  ⌐Right.Activated:Connect(function()
16
17    end)
```

06 각 버튼에서 현재 스테이지 숫자를 저장합니다.

```
12  ⌐Left.Activated:Connect(function()
13      local number = tonumber(Stage.Text)
14    end)
15  ⌐Right.Activated:Connect(function()
16      local number = tonumber(Stage.Text)
17    end)
```

🔹 **tonumber**는 문자열 값을 숫자로 변환해주는 함수입니다. 수치 비교 및 덧셈, 뺄셈을 하기 위해 숫자로 바꾸는 겁니다.

07 **왼쪽** 버튼을 눌렀을 땐 **Stage**의 **Text** 숫자를 **1만큼 빼서** 이전 단계를 표시합니다.

```
12  ⌐Left.Activated:Connect(function()
13      local number = tonumber(Stage.Text)
14      Stage.Text = number - 1
15    end)
```

08 **오른쪽** 버튼을 눌렀을 땐 **Text**의 숫자를 **1만큼 더해서** 다음 단계를 표시합니다.

```
16  ⌐Right.Activated:Connect(function()
17      local number = tonumber(Stage.Text)
18      Stage.Text = number + 1
19    end)
```

09 **왼쪽** 버튼에서 **현재 숫자**(number)가 1 이하일 땐 숫자를 줄이지 않게, 1을 초과할 때만 숫자를 줄도록 조건문을 설정해줍니다.

```
12  ⌐Left.Activated:Connect(function()
13      local number = tonumber(Stage.Text)
14  ⌐   if number > 1 then
15          Stage.Text = number - 1
16      end
17    end)
```

10 **오른쪽** 버튼에서 **현재 숫자** (number)가 **현재 스테이지 값(["스테이지"].Value)**보다 작을 때만 숫자를 늘리도록 조건문을 설정합니다.

```
18  ·Right.Activated:Connect(function()
19      local number = tonumber(Stage.Text)
20  ·   if number < leaderstats["스테이지"].Value then
21          Stage.Text = number + 1
22      end
23  end)
```

🔷 함부로 늘렸다간 클리어하지 않은 스테이지를 건너뛰게 되니까요.

고수들을 위한 TIP! if-else 구문으로 스테이지 순회하기

지금까지는 if문을 조건에 만족하는 경우만 작성하고, 조건에 만족하지 않는 경우(else)에 대해서는 다루지 않았습니다. 이번 TIP에서는 **if-else문**을 이용해 스테이지를 이동시키는 스크립트를 완성해보겠습니다.

우리가 작성한 왼쪽/오른쪽 버튼의 조건문에는 다음의 경우가 빠져있습니다.

- 현재 스테이지가 1번째 스테이지인 상태에서 왼쪽 버튼을 누르는 경우
- 현재 스테이지가 이동하려는 스테이지보다 크거나 같은 상태에서 오른쪽 버튼을 누르는 경우

쉽게 말하자면, else문을 추가해서 몇 번째 스테이지인지 표시하는 숫자의 범위가 만들어진 스테이지 수를 벗어나지 않도록 만들어주는 겁니다. 다음과 같이 스크립트를 작성해주세요.

왼쪽 버튼을 눌렀을 때 숫자가 1스테이지 이하라면 원래 스테이지로 되돌아갑니다.

```
12  ·Left.Activated:Connect(function()
13      local number = tonumber(Stage.Text)
14  ·   if number > 1 then
15          Stage.Text = number - 1
16  ·   else
17          Stage.Text = leaderstats["스테이지"].Value
18      end
19  end)
```

오른쪽 버튼을 눌렀을 때 이동하려는 스테이지가 현재 스테이지 값보다 같거나 크다면(else), 대신 1스테이지로 이동합니다.

```
20  ·Right.Activated:Connect(function()
21      local number = tonumber(Stage.Text)
22  ·   if number < leaderstats["스테이지"].Value then
23          Stage.Text = number + 1
24  ·   else
25          Stage.Text = 1
26      end
27  end)
```

11 화살표를 누를 때 숫자가 바뀌도록 만들었으니, 이번에는 숫자에 알맞은 체크포인트로 캐릭터를 이동시켜 보겠습니다. **Spawns** 폴더에서 **Stage** 값이 나타내는 체크포인트를 찾습니다.

```
12   ▪Left.Activated:Connect(function()
13       local number = tonumber(Stage.Text)
14   ▪   if number > 1 then
15           Stage.Text = number - 1
16       end
17       Spawns[Stage.Text]
18   end)
```

12 여기 나타나는 번호에 해당하는 체크포인트를 찾아준 겁니다.

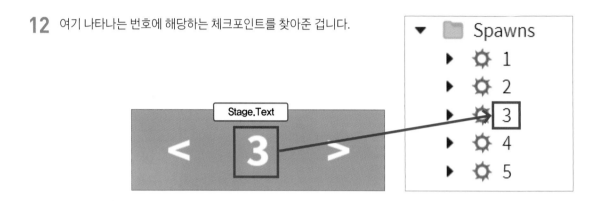

13 변수에 저장합니다.

```
17       local checkpoint = Spawns[Stage.Text]
```

14 플레이어의 캐릭터를 해당 체크포인트로 이동시킵니다.

```
17       local checkpoint = Spawns[Stage.Text]
18       Character:PivotTo()
```

🔹 모델을 이동시킬 때는 PivotTo 함수를 사용합니다.

15 괄호에는 체크포인트의 **위치**와 **방향 값**(CFrame)을 넣습니다.

```
17       local checkpoint = Spawns[Stage.Text]
18       Character:PivotTo(checkpoint.CFrame)
```

🔹 CFrame의 C와 F는 대문자로 입력해주세요.

16 캐릭터의 키를 고려해 **Vector** 값을 더해줍니다. 세 가

```
17       local checkpoint = Spawns[Stage.Text]
18       Character:PivotTo(checkpoint.CFrame + Vector3.new(0,5,0))
```

지 Vector 값은 각각 x, y, z에 해당하는데, **(0, 5, 0)**으로 설정하면 체크포인트 위치에서 **5스터드만큼 위로** 이동하는 겁니다.

17 Right 버튼도 똑같이 써줍니다. (13~16 참조)

```
20    Right.Activated:Connect(function()
21        local number = tonumber(Stage.Text)
22        if number < leaderstats["스테이지"].Value then
23            Stage.Text = number + 1
24        end
25        local checkpoint = Spawns[Stage.Text]
26        Character:PivotTo(checkpoint.CFrame + Vector3.new(0,5,0))
27    end)
```

18 지금까지 작성한 스크립트입니다(고수들을 위한 TIP까지 반영한 경우).

```
9     local Character = Player.Character or Player.CharacterAdded:Wait()
10    local Spawns = workspace.Spawns
11
12    Left.Activated:Connect(function()
13        local number = tonumber(Stage.Text)
14        if number > 1 then
15            Stage.Text = number - 1
16        else
17            Stage.Text = leaderstats["스테이지"].Value
18        end
19        local checkpoint = Spawns[Stage.Text]
20        Character:PivotTo(checkpoint.CFrame + Vector3.new(0,5,0))
21    end)
22    Right.Activated:Connect(function()
23        local number = tonumber(Stage.Text)
24        if number < leaderstats["스테이지"].Value then
25            Stage.Text = number + 1
26        else
27            Stage.Text = 1
28        end
29        local checkpoint = Spawns[Stage.Text]
30        Character:PivotTo(checkpoint.CFrame + Vector3.new(0,5,0))
31    end)
```

6) 현재 스테이지에서 리스폰하기

캐릭터가 5 스테이지까지 갔다면, 리스폰 지점은 5 스테이지로 설정됩니다. 그런데 스테이지 이동 GUI를 이용해서 2 스테이지로 이동했을 때도 리스폰 지점이 5 스테이지로 설정된다면 어떨까요? 스테이지를 이동하기가 불편할 겁니다. 따라서 캐릭터가 현재 있는 스테이지를 기준으로 리스폰하도록 만들어보겠습니다.

01 GUI가 현재 스테이지 값을 기록해야 하므로 초기화되면 안 됩니다. 바로 이전 유닛에서 했던 것처럼 **ScreenGui**의 **ResetOnSpawn** 속성을 해제합니다.

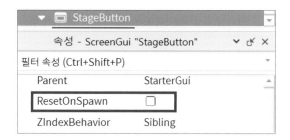

02 스테이지를 갱신하는 부분 아래에 **Player.CharacterAdded**를 적습니다.

```
36    Stage.Text = leaderstats["스테이지"].Value
37
38    Player.CharacterAdded
```

◈ CharacterAdded는 플레이어의 새 캐릭터가 생성되었을 때, 즉 리스폰되었을 때 실행되는 이벤트입니다.

03 함수와 연결합니다. 이때 괄호의 chr은 새로 스폰된 캐릭터를 가리킵니다.

```
38    ·Player.CharacterAdded:Connect(function(chr)
39
40    end)
```

04 스크립트 **9줄**에서 선언했던 **Character** 변수에 새 캐릭터 정보를 갱신해줍니다.

```
38    ·Player.CharacterAdded:Connect(function(chr)
39        Character = chr
40    end)
```

05 리더보드의 스테이지와 GUI의 현재 스테이지가 다를 때, 현재 스테이지로 텔레포트시킵니다.

```
38    ·Player.CharacterAdded:Connect(function(chr)
39        Character = chr
40    ·    if tonumber(Stage.Text) ~= leaderstats["스테이지"].Value then
41
42        end
43    end)
```

◈ ~=는 '같지 않음'을 나타내는 기호입니다.

06 스테이지가 다른 경우에는 캐릭터를 GUI의 스테이지 체크포인트로 이동시켜줍니다.

```
40    ·    if tonumber(Stage.Text) ~= leaderstats["스테이지"].Value then
41            local checkpoint = Spawns[Stage.Text]
42            Character:PivotTo(checkpoint.CFrame + Vector3.new(0,5,0))
43        end
```

◈ 5) 스테이지 이동하기의 11~16(p.112)에서 작성했던 코드와 동일합니다.

로블록스 스튜디오 TIP!   도구 상자에서 스테이지 이동 GUI 가져오기

이번 유닛에서 만든 스테이지 이동 GUI 완성본은 도구 상자에도 업로드해두었습니다. 스테이지 이동 GUI를 검색해 찾고, 가져온 GUI는 StarterGui 안에 넣으면 됩니다.

스크립트 활용하기

CHAPTER 05

리셋(재설정) 단축키 R 만들기

아래로 떨어질 때마다 버튼을 클릭해서 리셋하는 것은 불편합니다. R 버튼 단축키를 눌러 간편히 리셋하도록 만들어봅시다.

01 **StarterPlayer**의 **StarterCharacterScripts**에 **로컬 스크립트**를 추가합니다.

- ▼ 👤 StarterPlayer
  - ▼ 📁 StarterCharacterScripts
    - 📇 LocalScript

02 스크립트 이름을 **Reset**이라고 지어줍니다.

- ▼ 👤 StarterPlayer
  - ▼ 📁 StarterCharacterScripts
    - 📇 Reset

03 **테스트**해보면 스크립트가 캐릭터 안에 들어옵니다.

- ▼ 👥 nofair2002 ← [내 캐릭터]
  - 👕 Body Colors
  - 👖 Pants
  - 👕 Shirt
  - ▶ 🎩 Brown Roblohunk
  - 📋 Health
  - ▶ 🧍 Humanoid
  - ▶ 🎩 Memorial Day 2009 Army Helmet
  - ▶ 📇 Animate
  - 📇 Reset
  - ▶ 📦 Head
  - ▶ 📦 HumanoidRootPart

04 그러면 script의 Parent가 캐릭터 모델이 되고, 여기서 **Humanoid**를 찾아줄 수 있습니다.

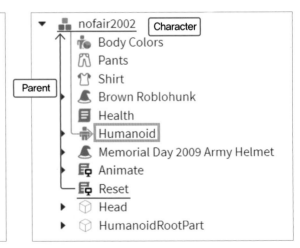

```
1  local Character = script.Parent
2  local Humanoid
```

05 Humanoid는 WaitForChild로 찾습니다. 캐릭터가 스폰될 때 Humanoid가 로드될 때까지 시간이 걸릴 수 있으므로 WaitForChild( ) 함수를 사용합니다.

```
2    local Humanoid = Character:WaitForChild("Humanoid")
```

◈ WaitForChild는 찾는 개체가 없는 경우 개체가 생성될 때까지 기다려줍니다.

06 ContextActionService라는 서비스를 불러옵니다.

```
4    local ContextActionService
```

◈ ContextActionService는 플레이어의 입력을 감지해줍니다.

07 GetService 함수를 사용합니다. 괄호에 ContextActionService라고 써넣습니다.

```
4    local ContextActionService = game:GetService("ContextActionService")
```

08 ContextActionService의 BindAction 함수를 입력합니다.

```
4    local ContextActionService = game:GetService("ContextActionService")
5
6    ContextActionService:BindAction()
```

◈ 이 함수는 특정 키를 눌렀을 때 특정 함수가 실행되도록 연결해주는 역할을 합니다.

09 다음 순서로 BlindAction 함수를 완성할 것입니다. 일단 순서를 눈으로만 봐주세요.

```
6    ContextActionService:BindAction("ResetBind", reset, false, Enum.KeyCode.R)
```
❶ ❷ ❸ ❹

10 위 함수를 한꺼번에 이해하려 하기보단 하나씩 입력하면서 가보겠습니다.

❶ 먼저 연결의 이름을 ResetBind라고 짓습니다.

```
6    ContextActionService:BindAction("ResetBind")
```

❷ 연결할 함수 이름을 입력합니다. reset이라고 적습니다.

```
6    ContextActionService:BindAction("ResetBind", reset)
```

❸ 모바일용 버튼 생성 여부를 결정합니다. 우리에게는 **리셋 버튼 만들기**(p.84)에서 이미 만든 버튼이 있으므로 **false**를 입력합니다.

```
6    ContextActionService:BindAction("ResetBind", reset, false)
```

◈ true는 생성함, false는 생성 안 함을 의미합니다.

❹ 리셋 단축키로 설정할 키를 R로 결정합니다.

```
6    ContextActionService:BindAction("ResetBind", reset, false, Enum.KeyCode.R)
```

로블록스 스튜디오 TIP! **Enum.KeyCode** 라이브러리를 이용해 키보드 단축키 지정하기

키보드 입력으로 단축키를 지정할 때는 **Enum.KeyCode**
라이브러리에서 찾아 입력하면 됩니다. 예를 들어
Space를 단축키로 설정하고자 한다면 Enum.KeyCode.
Space라고 입력하면 됩니다. 일반적으로 리셋 단축키는
R로 설정합니다.

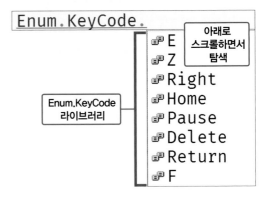

11 10의 ❷에서 연결할 함수 이름으로 **reset**을 입력했지만, 현재 reset 함수가 없는 상태입니다. 그래서 BindAction
함수를 적은 줄 위에 reset 함수를 선언할 겁니다. 일단 함수 만드는 순서를 눈으로만 봐주세요.

❷

```
function reset(name, inputState, inputObject)
    if inputState == Enum.UserInputState.Begin then
        Humanoid.Health = 0
    end
end
```

❶

12 위 순서를 따라 reset 함수를 선언해보겠습니다.

❶ function reset( )을 입력하고 엔터를 누릅니다. 그러면 **end**가 자동으로 완성됩니다.

```
6  function reset()
7
8  end
9  ContextActionService:BindAction("F
```

❷ 함수의 인자를 입력합니다.

```
6  function reset(name, inputState, inputObject)
7
8  end
```

▱ 플레이어가 R키를 눌렀을 때 함수로 3가지 인자가 전달됩니다. 함수의 인자는 순서대
로 입력해야 하는데, 차례대로 연결의 이름(name), 입력 상태(inputState), 입력 정보
(inputObject)입니다.

13 이제 리셋이 실행되는 조건을 reset 함수 안에 추가할 겁니다.

```
function reset(name, inputState, inputObject)
    if inputState == Enum.UserInputState.Begin then
        Humanoid.Health = 0
    end
end
```

▱ 조건문을 쓰는 이유는 원치 않는 경우에 리셋이 이루어지는 것을 방지하기 위해서입니다. 자
세한 조건은 14번에서 다루겠습니다.

14 다음 순서를 따라 조건문을 만듭니다.

❶ If inputState == then을 입력하고 엔터를 누릅니다. 그러면 **end**가 자동으로 완성됩니다.

```
6   function reset(name, inputState, inputObject)
7       if inputState ==    then
8
9       end
```

🔷 입력 상태가 ⓇR키를 누르기 시작할 때만 리셋이 실행되도록 하기 위해 조건문을 씁니다. (리셋이
실행되면 안 되는 경우: ⓇR키를 누르다가 떼었을 때나 ⒺEsc를 눌러서 입력이 취소되었을 때 등)

❷ 입력 상태가 **Begin**일 때(즉, R키를 누르기 시작할 때)만 코드가 실행되도록 합니다. **Enum.UserInputState.**를 입
력한 후 UserInputState 라이브러리에서 **Begin**을 가져옵니다.

```
if inputState == Enum.UserInputState.Begin then

end
```

🔷 U, I, S는 대문자로 입력해주세요.
UserInputState 라이브러리를 이용하는 방법은 단축키를 설정할 때(Enum.KeyCode 라이브러리 이
용)와 같습니다. 118쪽의 **로블록스 스튜디오 TIP**을 참조해주세요.

❸ 2줄에서 찾아둔 **Humanoid**의 **Health**를 0으로 설정합니다.

```
if inputState == Enum.UserInputState.Begin then
    Humanoid.Health = 0
end
```

🔷 ⓇR키를 눌렀을 때 Humanoid 체력을 0으로 바꾸는 겁니다.

15 완성된 리셋 단축키 스크립트입니다.

```
1   local Character = script.Parent
2   local Humanoid = Character:WaitForChild("Humanoid")
3
4   local ContextActionService = game:GetService("ContextActionService")
5
6   function reset(name, inputState, inputObject)
7       if inputState == Enum.UserInputState.Begin then
8           Humanoid.Health = 0
9       end
10  end
11  ContextActionService:BindAction("ResetBind", reset, false, Enum.KeyCode.R)
```

16 단축키가 있으므로 리셋 버튼이 컴퓨터 화면에서는 크게 보
일 필요가 없습니다.

🔷 리셋 버튼 만들기(p.84)에서 만들었던 버튼을 찾아줍니다.

17 버튼의 **Size**를 이미지와 같이 바꿉니다.

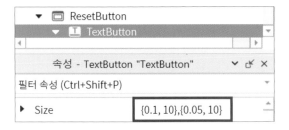

18 이전 값과 비교해보면 **Scale** 값(1, 3번째 값)의 비중은 작아지고, 그만큼 **Offset** 값(2, 4번째 값)의 비중은 상대적으로 커졌습니다.

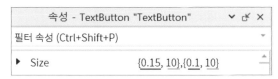

19 Offset 값의 비중이 커진 만큼 컴퓨터 화면에서 버튼 크기가 이전보다 작아졌습니다.

20 반면에 모바일 화면에서 버튼 크기는 이전과 비슷하게 유지됩니다.

2 비밀번호 문 만들기

정답을 입력해야 통과할 수 있는 비밀번호 문을 만들어봅시다.

01 비밀번호 문을 담당할 **파트**를 준비합니다. 저는 **가로 6, 높이 8 스터드** 크기로 만들었습니다. 색깔은 **Black**입니다.

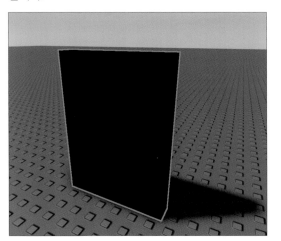

02 **탐색기**에서 **파트** 이름을 **Door**로 설정합니다.

D는 대문자로 입력해주세요.

03 비밀번호를 입력할 **다른 파트**를 준비합니다. 저는 **가로 4, 세로 1 스터드** 크기로 만들었습니다.

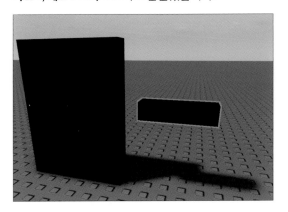

04 방금 생성한 파트 이름은 **Code**로 설정합니다.

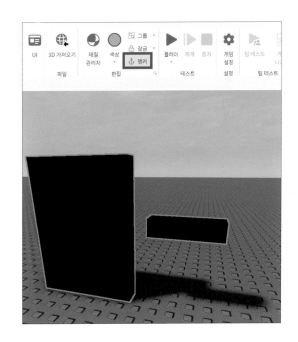

05 두 파트 모두 **앵커**해서 고정합니다.

06 두 파트를 **모델로 그룹화**합니다.

07 그룹화하여 만든 모델 이름을 **CodeDoor**로 설정해서 다른 모델과 구별해줍니다.

08 **Code** 파트 안에 **SurfaceGui**를 추가하고, **SurfaceGui** 안에 **TextBox**를 추가합니다.

09 **TextBox**가 파트 정면에 나타나도록 **SurfaceGui**의 **Face** 속성을 수정합니다.

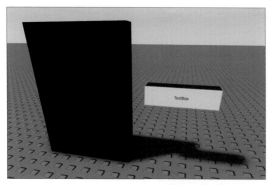

◆ 파트에 글씨 쓰기(p.47)에서 자세히 설명했습니다.

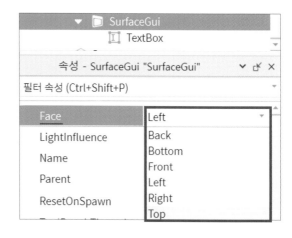

10 **속성** 창에서 **TextBox**의 배경색, 배경 투명도, 테두리색, 테두리 두께를 설정합니다.

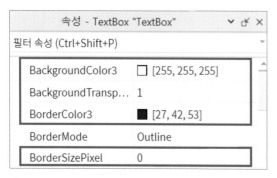

◆ 저는 배경을 완전히 투명하게 하여 파트 표면이 곧 배경이 되도록 만들었습니다.

11 파트 면 전체를 채우도록 **Size** 속성을 설정합니다.

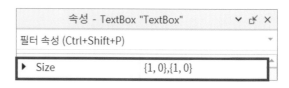

12 TextBox의 텍스트 관련 속성을 설정합니다. 텍스트 색(TextColor3)은 배경색에 따라 자유롭게 설정해 주세요.

속성 - TextBox "TextBox"	∨ ⌕ ✕
필터 속성 (Ctrl+Shift+P)	
RichText	☑
Text	TextBox
▶ TextBounds	130, 50
TextColor3	☐ [255, 255, 255]
TextFits	☑
TextScaled	☑
TextSize	14

◫ 텍스트 관련 속성도 파트에 글씨 쓰기(p.47)에서 자세히 설명했습니다.

13 Text와 PlaceHolderText 속성에는 **'비밀번호를 입력하세요'** 혹은 **'정답을 입력하세요'** 등의 문장을 적습니다.

속성 - TextBox "TextBox"	∨ ⌕ ✕
필터 속성 (Ctrl+Shift+P)	
PlaceholderColor3	▧ [178, 178, 178]
PlaceholderText	정답을 입력하세요
RichText	☑
Text	정답을 입력하세요

14 Text는 최초 입력 전에 표시될 글자, PlaceHolderText는 입력된 글자가 없을 때 표시될 글자입니다.

▲ Text

▲ PlaceHolderText

15 TextBox에 **스크립트**를 추가합니다.

16 **스크립트** 속성 중 RunContext를 Client로 설정합니다.

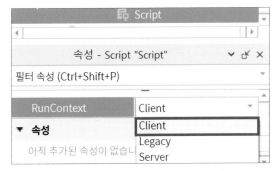

◫ TextBox 입력은 로컬 스크립트로만 감지할 수 있는데, 이렇게 설정된 스크립트는 로컬 스크립트처럼 작동합니다.

17 **스크립트**에선 먼저 비밀번호(혹은 정답)를 설정해 줍니다. 따옴표 사이에 원하는 숫자, 영어, 한글 무엇이든 써도 됩니다.

```
1    local CODE = "사과나무"
```

NOTE 비밀번호로 쓸 문자는 띄어쓰기 없이 입력해주세요

나중에 띄어쓰기를 모두 제거하는 과정이 있습니다. 그러므로 비밀번호는 띄어쓰기 없이 입력해주세요.

```
1    local CODE = "사과나무"
```
▲ 옳은 예

```
1    local CODE = "사과 나무"
```
▲ 틀린 예

18 **TextBox**와 **Door** 파트를 찾아줍니다.

```
3    local TextBox = script.Parent
```

```
3    local TextBox = script.Parent
4    local Door = TextBox.Parent.Parent.Parent.Door
```

19 이제 다음 순서대로 플레이어가 입력한 텍스트가 비밀번호와 똑같은지 확인하는 코드를 작성해볼 겁니다.

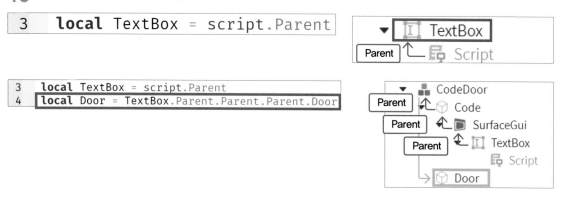

```
TextBox.FocusLost:Connect(function()
    local text = string.gsub(TextBox.Text, "%s", "")
    if text == CODE then
        Door.Transparency = 1
        Door.CanCollide = false
    end
end)
```

20 앞서 안내한 순서를 따라가며 코드를 작성해보겠습니다.

❶ 6번줄에 다음의 코드를 입력하고 엔터를 누릅니다. 그러면 end가 자동으로 완성됩니다.

```
6    ·TextBox.FocusLost:Connect(function()
7
8    end)
```

◈ **TextBox**의 **FocusLost** 이벤트는 플레이어의 입력이 끝났을 때 트리거됩니다.

❷ **TextBox.Text**를 입력하고 이것을 **string.gsub** 함수에 넣어줍니다.

```
6    ·TextBox.FocusLost:Connect(function()
7        TextBox.Text
8    end)
```

```
6    ·TextBox.FocusLost:Connect(function()
7        string.gsub(TextBox.Text)
8    end)
```

🔷 플레이어가 입력한 텍스트는 **TextBox.Text** 속성에 입력됩니다. 그리고 **string. gsub** 함수는 한 문자열 안의 특정 문자들을 교체할 때 사용합니다.

그리고 **string.gsub** 함수를 완성합니다.

```
6    ·TextBox.FocusLost:Connect(function()
7        string.gsub(TextBox.Text, "%s", "")
8    end)
```

🔷 한글의 띄어쓰기 규칙이 복잡한 점, 문장 끝의 글자가 사라지는 버그가 발생할 수도 있는 점 때문에 띄어쓰기를 모두 제거하려는 겁니다.

🔷 띄어쓰기를 제거하는 원리는 7번 줄에 있습니다. %s는 띄어쓰기(공백) 등을 나타내는 기호인데, 이것들을 빈 문자(" ")로 교체해서 띄어쓰기를 제거합니다.

❸ 띄어쓰기를 제거한 결과를 **text** 변수에 저장합니다.

```
6    ·TextBox.FocusLost:Connect(function()
7        local text = string.gsub(TextBox.Text, "%s", "")
8    end)
```

❹ **text**가 앞서 설정한 비밀번호(CODE)와 동일하면 문을 열도록 조건문을 입력합니다.

먼저 if문을 만들고,

```
7        local text = string.gsub(TextBox.Text, "%s", "")
8    ·    if text == CODE then
9
10       end
```

문이 열리고 플레이어가 통과할 수 있도록 문 파트의 **투명도**(Transparency)는 **1**로, **CanCollide** 속성은 **false**로 설정 합니다.

```
8        if text == CODE then
9            Door.Transparency = 1
10           Door.CanCollide = false
11       end
```

🔷 문이 반투명하게 보이도록 하고 싶다면 투명도를 0.8 정도로 설정해도 좋습니다.

🔷 CanCollide 속성값이 True이면 설정함, False이면 설정 안 함을 의미합니다.

21 완성된 비밀번호 문 스크립트입니다.

```
1    local CODE = "사과나무"
2
3    local TextBox = script.Parent
4    local Door = TextBox.Parent.Parent.Parent.Door
5
6   ·TextBox.FocusLost:Connect(function()
7        local text = string.gsub(TextBox.Text, "%s", "")
8   ·    if text == CODE then
9            Door.Transparency = 1
10           Door.CanCollide = false
11       end
12   end)
```

22 16번에서 **스크립트**의 **RunContext**를 **Client**로 설정했습니다. 이 때문에 올바른 비밀번호를 입력한 플레이어에게만 문이 열린 것으로 보이고, 다른 사람들에겐 문이 계속 닫힌 상태로 보이며 통과되지도 않습니다.

▲ 비밀번호를 입력한 사람 자신의 시점

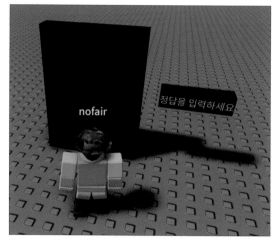

▲ 다른 사람의 시점

23 열린 문을 다시 닫을 필요는 없지만, 일정 시간 후 문이 닫히게 하고 싶다면 아래와 같은 코드를 추가하면 됩니다.

```
if text == CODE then
    Door.Transparency = 1
    Door.CanCollide = false
    wait(3)
    Door.Transparency = 0
    Door.CanCollide = true
end
```

🔹 이 코드는 문이 열리고 3초가 지나면 CanCollide와 Transparency 속성을 문이 닫힌 상태의 설정으로 원상복귀시키는 겁니다.

24 완성된 비밀번호 문을 점프맵에 배치합니다.

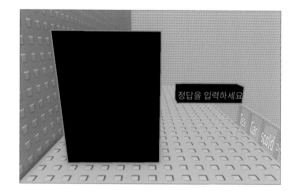

25 다른 파트로 주변 테두리를 채워줍니다. 벽 옆이나 위로 넘어가지 못하도록 충분히 높고 넓게 세웁니다.

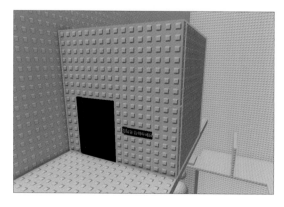

🔹 이외에도 문제가 적힌 표지판 파트 혹은 수수께끼를 내는 NPC 등을 비밀번호 문 앞에 배치해주면 좋습니다. 각각 파트에 글씨 쓰기(p.47)와 NPC 만들기(p.191)에서 확인할 수 있습니다.

로블록스 스튜디오 TIP! 도구 상자에서 비밀번호 문 GUI 가져오기

이번 유닛에서 만든 비밀번호 문 GUI 완성본은 도구 상자에 도 업로드해두었습니다. **코드문**이라고 검색해 찾을 수 있습니다.

로블록스에서 일반적으로 쓰이는 모델은 도구 상자에서 **Code Door**라고 검색해 찾을 수 있습니다. 이 모델은 우리가 만든 모델과 다른 점이 3가지 있는데 정리하자면 아래와 같습니다.

- 숫자만 입력 가능
- 한 명이 열면 다른 사람에게도 열림
- 파트로 구성된 숫자판을 직접 클릭해서 입력해야 함

---

③ 플레이어 관전 GUI 만들기

다른 플레이어들은 어떻게 플레이하는지 구경할 수 있는 관전 GUI를 만들어보겠습니다.

1) GUI 만들기

01 StarterGui에 ScreenGui를 추가하고 **Spectate**라고 이름을 짓습니다.

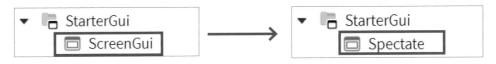

02 Spectate 안에는 **TextButton 2개**와 **TextLabel 1개**를 추가하고 다음과 같이 이름을 지어줍니다.

L, T, U, N은 대문자로 입력해주세요.

03 방금 생성한 3가지 개체 안에 각각 **UICorner**를 추가합니다.

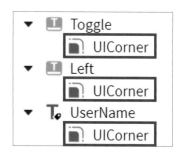

04 **Toggle**은 관전 기능을 껐다 켜게 해주는 버튼이 될 겁니다. 다음과 같이 속성을 설정합니다.

05 **UserName**은 관전 중인 플레이어 이름을 표시해줄 겁니다. 다음과 같이 속성을 설정합니다.

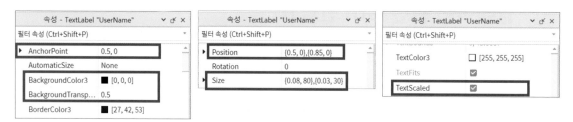

06 Left는 관전할 플레이어를 바꾸는 버튼입니다. 다음과 같이 속성을 설정합니다.

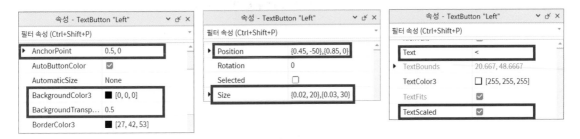

07 Left 버튼을 하나 **복사**한 후 이름을 **Right**라고 짓습니다.

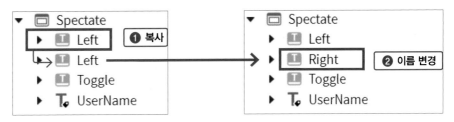

08 Left가 **왼쪽 버튼**을 맡을 때, Right는 **오른쪽 버튼**을 맡을 겁니다. 오른쪽 버튼의 역할에 걸맞게 **Right**의 **위치**와 **텍스트**를 다음과 같이 설정합니다.

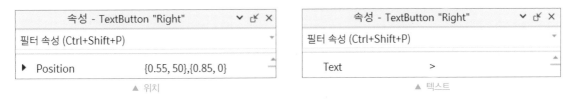

09 이제 화면을 보면 GUI가 다음과 같이 나타납니다.

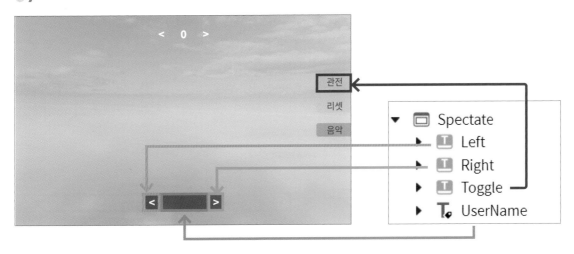

10 그런데 **Left, Right, UserName** 버튼은 **관전 기능**이 활성화되었을 때만 보여야 합니다. 그러므로 세 버튼의 속성을 동시에 수정해보겠습니다. 탐색기에서 Ctrl을 꾹 누른 채 버튼들을 선택합니다.

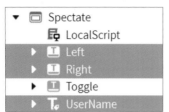

11 **Visible** 속성을 **체크 해제** 해서 세 버튼이 보이지 않게 합니다.

2) 관전할 플레이어 목록 구하기

01 **Spectate** 안에 **로컬 스크립트**를 추가합니다.

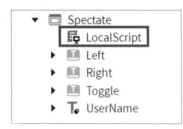

02 **로컬 스크립트**에서 **Spectate** 개체를 찾아줍니다.

```
1    local Spectate = script.Parent
```

03 **Spectate** 안의 나머지 개체들을 찾아줍니다

```
1    local Spectate = script.Parent
2    local Toggle = Spectate.Toggle
3    local UserName = Spectate.UserName
4    local Left = Spectate.Left
5    local Right = Spectate.Right
```

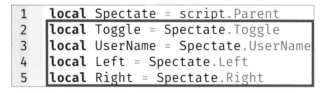

04 **Players** 개체를 찾아줍니다.

```
7    local Players = game.Players
```

🔷 Players는 플레이어를 담당하는 개체입니다.

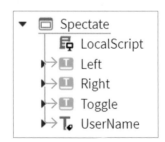

05 서버 내의 플레이어 목록을 받을 수 있도록 **Players**에 **GetPlayers( )**를 호출합니다.

```
7    local Players = game.Players
8    local PlayerList = Players:GetPlayers()
```

06 플레이어 자신(LocalPlayer)을 정의해줍니다.

```
9    local LocalPlayer = Players.LocalPlayer
```

- Players의 LocalPlayer 속성은 GUI를 보는 플레이어 자신을 가리킵니다.
- LocalPlayer의 L과 P는 대문자로 입력해주세요.

07 방금 구한 플레이어(LocalPlayer)의 캐릭터(Character)를 구해줍니다.

```
10   local LocalCharacter = LocalPlayer.Character
```

- C는 대문자로 입력해주세요.

08 플레이어의 캐릭터가 아직 스폰되지 않은 경우, 리스폰될 때까지 기다려줍니다.

```
9    local LocalPlayer = Players.LocalPlayer
10   local LocalCharacter = LocalPlayer.Character or LocalPlayer.CharacterAdded:Wait()
```

09 Players의 PlayerAdded 이벤트는 새 플레이어가 서버에 들어왔을 때 트리거됩니다. 새 플레이어가 들어오면 8줄에서 구한 플레이어 목록(PlayerList)을 갱신해주어야 합니다.

```
11   ·Players.PlayerAdded:Connect(function()
12
13     end)
```

10 plr은 새로 들어온 플레이어를 가리킵니다.

```
11   ·Players.PlayerAdded:Connect(function(plr)
12
13     end)
```

11 table.insert 함수에 PlayerList와 plr을 나란히 입력합니다.

```
11   ·Players.PlayerAdded:Connect(function(plr)
12       table.insert(PlayerList, plr)
13     end)
```

- 이 코드는 플레이어 리스트(PlayerList)에 새 플레이어(plr)를 추가하는 겁니다.

12 PlayerRemoving은 플레이어가 게임에서 나갈 때 발생하는 이벤트입니다.

```
14   ·Players.PlayerRemoving:Connect(function(plr)
15
16     end)
```

- 여기서의 plr은 나가는 플레이어를 가리킵니다.

13 플레이어 목록에서 특정 플레이어를 제거하려면, 먼저 그 플레이어가 목록의 몇 번째에 있는지 찾아야 합니다. 따라서 **table.find** 함수로 게임을 나가는 플레이어(plr)가 플레이어 목록 몇 번째에 있는지 확인하고, 그 값을 받아서 **number** 변수에 저장합니다.

```
14    ·Players.PlayerRemoving:Connect(function(plr)
15        local number = table.find(PlayerList, plr)
16    end)
```

14 방금 변수에 저장한 값을 **table.remove**에 입력합니다. 그러면 해당 번호의 플레이어가 리스트에서 삭제됩니다.

```
14    ·Players.PlayerRemoving:Connect(function(plr)
15        local number = table.find(PlayerList, plr)
16        table.remove(PlayerList, number)
17    end)
```

3) 카메라 조작하기

인간이 눈을 통해 세상을 보고, 카메라를 통해 녹화된 영화를 보듯이, 게임 세상을 볼 때도 게임 속의 카메라 개체를 통합니다. 이 카메라는 평소에는 플레이어 자신의 캐릭터만을 비춥니다. 스크립트를 통해 카메라가 다른 사람을 보게 하면 관전 기능이 만들어지는 겁니다.

01 **카메라** 개체를 찾아줍니다.

```
19    local Camera = workspace.Camera
```

02 **CameraSubject** 속성을 통해 카메라가 바라보는 개체를 설정할 수 있습니다. 처음에는 당연히 플레이어 자신의 캐릭터(LocalCharacter)을 바라보아야 합니다.

```
19    local Camera = workspace.Camera
20    Camera.CameraSubject = LocalCharacter
```

03 **CameraSubject** 속성을 특정 캐릭터로 설정할 때는 해당 캐릭터의 **Humanoid**를 넣습니다. Humanoid가 아직 로드되지 않았을 수 있어서 **WaitForChild**를 이용했습니다.

```
19    local Camera = workspace.Camera
20    Camera.CameraSubject = LocalCharacter:WaitForChild("Humanoid")
```

⚑ WaitForChild는 찾는 개체가 나타날 때까지 기다려주는 함수입니다.

04 카메라가 플레이어 자신의 캐릭터를 바라보게 했으므로 **UserName**에 표시할 이름도 플레이어 자신이 되어야 합니다.

```
19   local Camera = workspace.Camera
20   Camera.CameraSubject = LocalCharacter:WaitForChild("Humanoid")
21   UserName.Text = LocalPlayer.Name
```

05 1) GUI 만들기의 **11번**(p.130)에서 해제한 **Visible** 속성을 다시 활성화하고 테스트를 실행해보면 다음과 같이 GUI에 자신의 이름이 표시될 겁니다.

< nofair2002 >

06 다음과 같이 함수 updateCamera를 입력합니다.

```
23   ·function updateCamera()
24
25   end
```

🔖 updateCamera는 카메라가 다른 캐릭터를 바라보게 만드는 함수입니다. u는 소문자, C는 대문자로 입력해주세요.

07 character에 카메라가 바라볼 캐릭터를 받습니다.

```
23   ·function updateCamera(character)
24
25   end
```

🔖 c는 소문자로 입력해주세요.

08 방금 **03**에서 설정했던 것처럼 **CameraSubject**는 해당 캐릭터의 **Humanoid**로 설정합니다. 그리고 **UserName**에는 해당 캐릭터의 이름을 표시합니다.

```
23   ·function updateCamera(character)
24       Camera.CameraSubject = character.Humanoid
25       UserName.Text = character.Name
26   end
```

🔖 앞으로 특정 캐릭터를 바라보게 하고 싶으면 updateCamera 함수를 호출하면 됩니다.

4) 플레이어 목록 오고 가기

01 현재 관전 중인 플레이어 번호를 표시할 변수를 선언합니다. 처음에는 1번부터 시작해서, 왼쪽과 오른쪽 화살표를 누를 때마다 바꿀 겁니다.

```
28       local number = 1
```

02 **왼쪽** 버튼이 눌렸을 때, 그리고 **오른쪽** 버튼이 눌렸을 때 실행되는 이벤트입니다.

```
28   local number = 1
29   Left.Activated:Connect()
30   Right.Activated:Connect()
```

03 LeftActivated, RightActivated 함수를 각 이벤트에 연결해줍니다.

```
28   local number = 1
29   Left.Activated:Connect(LeftActivated)
30   Right.Activated:Connect(RightActivated)
```

04 두 이벤트에 각각 연결할 함수에 대해 정의한 것이 아직 없는 상태입니다. 그러므로 다음과 같이 각 버튼 이벤트가 실행되기 바로 전에 함수를 선언할 겁니다.

```
29  function LeftActivated()
30      if number > 1 then
31          number = number - 1
32      else
33          number = #PlayerList
34      end
35      local character = PlayerList[number].Character
36      if character then
37          updateCamera(character)
38      else
39          LeftActivated()
40      end
41  end
42  Left.Activated:Connect(LeftActivated)
```

▲ 왼쪽 버튼 이벤트에 연결할 함수 LeftActivated 선언

🔷 05부터 하나씩 만들어볼 것이니 지금은 눈으로만 좇으며 확인해주세요.

```
44  function RightActivated()
45      if number < #PlayerList then
46          number = number + 1
47      else
48          number = 1
49      end
50      local character = PlayerList[number].Character
51      if character then
52          updateCamera(character)
53      else
54          RightActivated()
55      end
56  end
57  Right.Activated:Connect(RightActivated)
```

▲ 오른쪽 버튼 이벤트에 연결할 함수 RightActivated 선언

05 먼저 **왼쪽** 버튼 이벤트에 연결할 함수부터 만들어보겠습니다. **LeftActivated** 함수를 왼쪽 버튼 이벤트 바로 위에 선언합니다.

```
28  local number = 1
29  function LeftActivated()
30
31  end
32  Left.Activated:Connect(LeftActivated)
```

06 **왼쪽** 버튼이 눌렸을 때는 **이전** 번호로 되돌아가야 합니다.

```
29  function LeftActivated()
30      if number > 1 then
31
32      else
33
34      end
35  end
```

🔔 현재 번호가 1보다 큰 경우에만 이전 번호로 되돌려야 합니다. 예외가 발생할 경우도 생각해서 else문도 추가합니다.

07 **1보다 큰 경우**에는 **1을 빼서** 이전 번호로 돌아갑니다.

```
29  function LeftActivated()
30      if number > 1 then
31          number = number   1
32      else
33
34      end
35  end
```

08 반면에 **1보다 크지 않은 경우**(즉, 현재 번호가 1)에는 그때는 한 바퀴 돌아서 가장 마지막 번호로 이동합니다 (예: 4→3→2→1→4→3→2→1).

```
29  function LeftActivated()
30      if number > 1 then
31          number = number - 1
32      else
33          number = #PlayerList
34      end
35  end
```

🔔 현재 번호가 1이 되는 이유는 리스트 순번이 1부터 시작하기 때문입니다.

🔔 PlayerList 앞에 # 기호를 붙이면 리스트 길이를 나타내게 됩니다.

09 ❶ 바뀐 번호(number)에 해당하는 플레이어를 목록(PlayerList)에서 구하고, 그 플레이어의 캐릭터를 구합니다. ❷ character 변수에 반환받았습니다.

```
30      if number > 1 then
31          number = number - 1
32      else
33          number = #PlayerList
34      end
35      local character = PlayerList[number].Character
```
        ❷   ❶

10 캐릭터가 리스폰 직전이라 아직 존재하지 않을 수도 있습니다. 조건문으로 **character**가 존재하는지 확인합니다.

```
35      local character = PlayerList[number].Character
36      if character then
37
38      end
```

11 캐릭터가 존재한다면 **updateCamera** 함수에 캐릭터를 전달합니다. 그러면 카메라는 해당 캐릭터를 바라보게 됩니다.

```
35        local character = PlayerList[number].Character
36      · if character then
37            updateCamera(character)
38        end
```

🚩 updateCamera 함수는 3) 카메라 조작하기의 06~07(p.133)에서 만들었습니다.

12 만약 캐릭터가 존재하지 않으면 **LeftActivated** 함수를 부릅니다.

```
35        local character = PlayerList[number].Character
36      · if character then
37            updateCamera(character)
38      · else
39            LeftActivated()
40        end
```

🚩 왼쪽 버튼을 눌러 관전할 플레이어를 전환했는데, 플레이어의 캐릭터가 리스폰되기 전일 수도 있습니다. 이럴 땐 다시 한번 왼쪽 버튼을 눌러서 다른 캐릭터를 찾아보겠죠? 그래서 LeftActivated 함수를 다시 실행하도록 한 겁니다.

13 완성된 **LeftActivated** 함수입니다.

```
29    · function LeftActivated()
30    ·     if number > 1 then
31            number = number - 1
32    ·     else
33            number = #PlayerList
34        end
35        local character = PlayerList[number].Character
36    ·     if character then
37            updateCamera(character)
38    ·     else
39            LeftActivated()
40        end
41    end
42    Left.Activated:Connect(LeftActivated)
```

14 이제 **오른쪽** 버튼 이벤트에 연결할 함수 **RightActivated**를 만들어 보겠습니다.

```
42    Left.Activated:Connect(LeftActivated)
43
44    · function RightActivated()
45
46    end
47    Right.Activated:Connect(RightActivated)
```

15 **오른쪽** 버튼을 눌렀을 때는 다음 번호로 이동하게 됩니다. 이때 번호 숫자가 플레이어 목록의 길이(#PlayerList)보다 작은지 확인합니다.

```
44    function RightActivated()
45        if number < #PlayerList then
46
47        else
48
49        end
50    end
```

16 ❶ 작다면 **1을 더해서** 다음 번호로 이동하고 ❷ 작지 않다면 마지막 번호라는 뜻이므로, 다시 목록 처음으로 되돌아가 1부터 시작합니다.

```
44    function RightActivated()
45        if number < #PlayerList then
46            number = number + 1   ❶
47        else
48            number = 1   ❷
49        end
50    end
```

17 나머지 부분은 LeftActivated 함수와 같습니다(앞의 **09~12** 설명 참조). 다만 한 가지 차이점이 있는데, 캐릭터가 존재하지 않을 때 **RightActivated** 함수를 부른다는 것입니다.

```
44    function RightActivated()
45        if number < #PlayerList then
46            number = number + 1
47        else
48            number = 1
49        end
50        local character = PlayerList[number].Character
51        if character then
52            updateCamera(character)
53        else
54            RightActivated()
55        end
56    end
57    Right.Activated:Connect(RightActivated)
```

5) 관전 기능 끄고 켜기

관전 기능은 처음에는 꺼진 상태로 있습니다. Toggle(토글) 버튼 이벤트를 이용해서 관전 버튼을 한 번 눌렀을 때 관전 기능을 켜고, 다시 눌렀을 때 꺼지도록 만들어보겠습니다.

01 버튼을 눌렀을 때 실행되는 이벤트 **Activated**를 찾습니다.

```
59   ·Toggle.Activated:Connect(function()
60
61     end)
```

02 관전 기능이 현재 켜졌는지는 **Visible** 속성을 통해 확인할 수 있습니다. Visible 속성값이 **false**일 때는 기능이 꺼지고, **true**일 때는 켜집니다. 이 동작 원리를 이용해서 조건문을 만들 겁니다.

```
59   ·Toggle.Activated:Connect(function()
60   ·    if UserName.Visible == true then
61
62   ·    else
63
64        end
65     end)
```

> 여기서 설정할 속성인 Visible은 1) GUI 만들기의 **11번**(p.130)에서 체크 해제를 한 그 속성입니다.

03 ❶ 기능이 켜진 상태(true)에서 버튼을 누르면 기능을 끄고(false), ❷ 꺼진 상태(false)에서 버튼을 누르면 켜줍니다(true).

```
59   ·Toggle.Activated:Connect(function()
60   ·    if UserName.Visible == true then
61          UserName.Visible = false      ❶
62   ·    else
63          UserName.Visible = true       ❷
64        end
65     end)
```

04 앞과 같은 방법으로 왼쪽과 오른쪽 화살표 버튼도 조건을 추가합니다.

```
59   ·Toggle.Activated:Connect(function()
60   ·    if UserName.Visible == true then
61          UserName.Visible = false
62          Left.Visible = false
63          Right.Visible = false
64   ·    else
65          UserName.Visible = true
66          Left.Visible = true
67          Right.Visible = true
68        end
69     end)
```

05 관전 기능을 끌 때는 카메라가 다시 플레이어 자신의 캐릭터를 바라보도록 되돌려줍니다. 그에 따라 표시하는 이름도 플레이어 자신으로 바꿉니다.

```
59  Toggle.Activated:Connect(function()
60      if UserName.Visible == true then
61          UserName.Visible = false
62          Left.Visible = false
63          Right.Visible = false
64          Camera.CameraSubject = LocalPlayer.Character.Humanoid
65          UserName.Text = LocalPlayer.Name
66      else
67          UserName.Visible = true
68          Left.Visible = true
69          Right.Visible = true
70      end
71  end)
```

3) 카메라 조작하기의 **8번**(p.133)에 썼던 내용과 같습니다.

06 완성된 플레이어 관전 스크립트입니다.

```
1   local Spectate = script.Parent
2   local Toggle = Spectate.Toggle
3   local UserName = Spectate.UserName
4   local Left = Spectate.Left
5   local Right = Spectate.Right
6
7   local Players = game.Players
8   local PlayerList = Players:GetPlayers()
9   local LocalPlayer = Players.LocalPlayer
10  local LocalCharacter = LocalPlayer.Character or LocalPlayer.CharacterAdded:Wait()
11  Players.PlayerAdded:Connect(function(plr)
12      table.insert(PlayerList, plr)
13  end)
14  Players.PlayerRemoving:Connect(function(plr)
15      local number = table.find(PlayerList, plr)
16      table.remove(PlayerList, number)
17  end)
18
19  local Camera = workspace.Camera
20  Camera.CameraSubject = LocalCharacter:WaitForChild("Humanoid")
21  UserName.Text = LocalPlayer.Name
22
23  function updateCamera(character)
24      Camera.CameraSubject = character.Humanoid
25      UserName.Text = character.Name
26  end
27
28  local number = 1
29  function LeftActivated()
30      if number > 1 then
31          number = number - 1
32      else
33          number = #PlayerList
34      end
35      local character = PlayerList[number].Character
36      if character then
```

(다음 쪽에 스크립트 계속)

```
37                updateCamera(character)
38      ·    else
39                LeftActivated()
40          end
41    end
42    Left.Activated:Connect(LeftActivated)
43
44  · function RightActivated()
45      ·    if number < #PlayerList then
46                number = number + 1
47      ·    else
48                number = 1
49          end
50          local character = PlayerList[number].Character
51      ·    if character then
52                updateCamera(character)
53      ·    else
54                RightActivated()
55          end
56    end
57    Right.Activated:Connect(RightActivated)
58
59  · Toggle.Activated:Connect(function()
60      ·    if UserName.Visible == true then
61                UserName.Visible = false
62                Left.Visible = false
63                Right.Visible = false
64                Camera.CameraSubject = LocalPlayer.Character.Humanoid
65                UserName.Text = LocalPlayer.Name
66      ·    else
67                UserName.Visible = true
68                Left.Visible = true
69                Right.Visible = true
70          end
71    end)
72
```

로블록스 스튜디오 TIP! 도구 상자에서 관전 GUI 가져오기

이번 유닛에서 만든 관전 GUI는 도구 상자에도 업로드해두었습
니다. **관전 GUI**를 검색해서 가져오면 됩니다. 가져온 GUI는
StarterGui 안에 넣으면 됩니다.

모바일 쉬프트락 넣기

로블록스에는 쉬프트락(Shift Lock)이라는 기능이 있습니다.

쉬프트락을 활성화하면 캐릭터가 바라보는 방향이 카메라 방향으로 고정됩니다. 이때 마우스 커서는 중앙으로 고정되고 다음과 같이 모양이 변합니다.

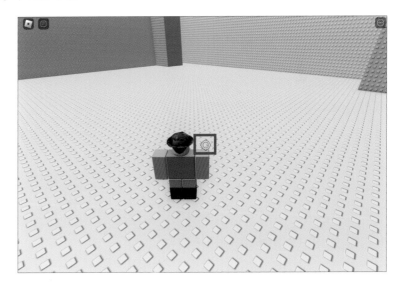

쉬프트락 기능은 키보드로 Shift 키를 눌러 활성화할 수 있습니다. 그러면 키보드가 연결되지 않은 스마트폰이나 태블릿은 이 기능을 어떻게 쓸 수 있을까요? PC가 아닌 기기도 쉬프트락 기능을 쓸 수 있도록 쉬프트락 버튼을 만들어봅시다.

01 먼저 **GUI 버튼**을 만듭니다. **StarterGui**에 **ScreenGui**를 추가합니다.

02 **ShiftLock**이라고 이름을 짓고, 안에 **ImageButton**을 추가합니다.

◈ ImageButton은 이름대로 이미지가 들어가는 버튼입니다. 이 버튼에 쉬프트락 이미지를 넣어줄 겁니다.

03 **ImageButton**의 **위치**와 **크기** 관련 속성은 다음과 같이 설정합니다.

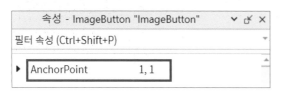

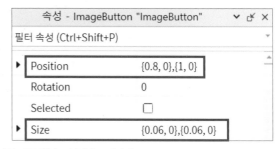

◈ 자세한 설정 방법은 GUI 편집 기초(p.74)에서 진행했습니다. 원한다면 다른 위치로 설정해도 됩니다.

04 **Size**의 첫 번째와 세 번째 값이 모두 **0.06**으로 설정했는데, 화면을 보면 버튼 이미지가 정사각형이 아니라 직사각형입니다. 그 이유는 두 값의 설정 기준이 다르기 때문입니다.

◈ Size의 첫 번째 값은 화면의 가로 길이를 기준으로 하는 반면, 세 번째 값은 화면의 세로 길이를 기준으로 합니다.

05 **SizeConstraint** 속성을 **RelativeXX**로 설정해주세요. 그러면 두 값 모두 화면의 가로 길이를 기준으로 삼아 정사각형 모양을 만들 수 있습니다.

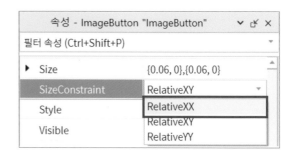

06 ❶ **도구 상자**에서 **이미지** 카테고리로 이동합니다. ❷ **쉬프트락**이라고 검색하면 2가지 이미지가 나타나는데 하나는 파란색, 다른 하나는 하얀색입니다.

🖅 쉬프트락이 활성화될 때는 파란색, 비활성화될 때는 하얀색 이미지를 보여줄 겁니다

07 하얀색 이미지부터 가져와 보겠습니다. ❶ **하얀색 이미지**에 **마우스 우클릭**을 한 후 ❷ **애셋 ID 복사**를 클릭합니다.

08 ImageButton으로 돌아와서 Ctrl + V 단축키로 Image 속성에 ID를 붙여넣습니다.

▲ 숫자 앞에 rbxassetid://가 자동 입력됩니다

09 화면을 보면 이미지가 GUI에 나타났습니다. 그런데 이미지에 하얀 배경이 깔린 상태입니다. 다음으로 넘어가서 이미지 배경이 보이지 않도록 설정해보겠습니다.

10 BackgroundTransparency 속성을 1로 설정해 배경을 투명하게 하고, BorderSizePixel 속성을 0으로 설정해 테두리 선을 없애줍니다.

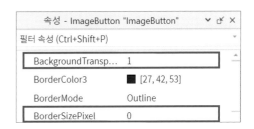

11 하얀색 이미지는 쉬프트락이 비활성화 상태일 때 나타날 이미지입니다. ImageButton의 이름을 **off**로 설정합니다.

12 ImageButton을 복사합니다. 복사한 개체의 이름은 **on**으로 짓습니다.

13 이번에는 파란색 이미지를 가져와 보겠습니다. **도구 상자**로 돌아와서 **❶ 파란색 쉬프트락 이미지에 마우스 우클릭**을 한 후 **❷ 애셋 ID 복사를 클릭**합니다.

14 on의 Image 속성에 복사한 ID를 붙여넣습니다.

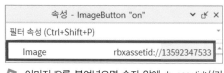

📎 이미지 ID를 붙여넣으면 숫자 앞에 rbxassetid://가 자동으로 입력됩니다.

15 화면을 보면 파란색 이미지도 GUI에 나타났습니다.

16 처음에는 쉬프트락이 비활성화 상태이므로 **on**의 **Visible** 속성은 **체크 해제**합니다. 그러면 처음에는 하얀색 이미지인 **off**만 보이게 됩니다.

카메라와 캐릭터 이동에 대한 깊은 지식이 필요하기에
쉬프트락 스크립트는 작성하기 복잡하고 어렵습니다.
그래서 도구 상자에 이 스크립트를 따로 올려두었습니
다. **쉬프트락스크립트**라고 검색해서 가져온 후 **스크립
트**를 ShiftLock 안에 넣으면 됩니다.

쉬프트락 스크립트 이해하기

지금부터는 쉬프트락 스크립트의 원리와 구조를 알아보려 합니
다. 도구 상자에서 가져온 스크립트를 보며 따라와도 되지만, 자
신이 있다면 직접 로컬 스크립트를 추가해서 처음부터 작성해
보는 것도 좋습니다.

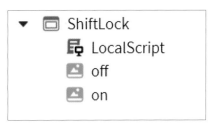

▲ 쉬프트락 스크립트

참고로 플레이어 관전 GUI 만들기(p.127)에서 배운 내용이 많이 등장하니, 복습하고 온다면 다음 내용을 좀
더 수월하게 따라갈 수 있습니다.

01　**Players**를 구하고 필요한 서비스를 불러옵니다.

```
1    local players = game.Players
2    local RunService = game:GetService("RunService")
3    local UserInputService = game:GetService("UserInputService")
```

◈ RunService는 게임 실행 및 프레임 관련, UserInputService는 플레이어 입력 관련 서비스입니다. 기억해두었다가 이후에 어디서 쓰이
는지 확인해보세요.

02 LocalPlayer로 플레이어 본인을 구하고, 플레이어의 **캐릭터**와 **Humanoid**를 구합니다.

```
5    local player = players.LocalPlayer
6    local character = player.Character or player.CharacterAdded:Wait()
7    local Humanoid = character:WaitForChild("Humanoid")
```

◪ 캐릭터가 스폰될 때 Humanoid 개체가 로드될 까지 시간이 걸릴 수 있습니다. 그래서 WaitForChild() 함수를 사용하여 Humanoid 개체가 생성되기를 기다립니다.

03 이번에는 **HumanoidRootPart**와 **Camera** 개체를 구합니다.

```
8    local HumanoidRootPart = character:WaitForChild("HumanoidRootPart")
9    local CurrentCamera = workspace.Camera
```

◪ HumanoidRootPart는 캐릭터의 중심부 파트입니다. 캐릭터의 각종 부위를 구성하는 파트들이 모두 이 파트를 중심으로 움직입니다.

04 쉬프트락 GUI를 구성하는 개체들을 구합니다.
이로써 필요한 개체를 모두 구했습니다.

```
11   local ShiftLock = script.Parent
12   local onButton = ShiftLock.on
13   local offButton = ShiftLock.off
```

05 조건문을 이용해서 터치가 불가능한
디바이스를 사용하는 경우에는 쉬프트락이
비활성화되도록 만듭니다.

```
15   if not UserInputService.TouchEnabled then
16       ShiftLock.Enabled = false
17   end
```

◪ **UserInputService.TouchEnabled**는 터치 입력을 지원하는지 여부를 나타내는 속성입니다. 이를 이용해 터치가 가능한 디바이스(스마트폰, 태블릿 등)와 불가능한 디바이스(PC 등)를 구분할 수 있는데, 속성값이 true면 터치가 가능한 경우이고 false이면 터치가 불가능한 경우입니다.

◪ **ScreenGui**의 **Enabled** 속성이 **false**로 설정되면, ScreenGui 안에 들어있는 모든 GUI 개체가 숨겨집니다.

06 다음은 쉬프트락 GUI의 이미지를 교체해주는
함수입니다. 쉬프트락이 켜졌을 때("ON")는 off를 끄고,
on 버튼을 보여줍니다. 반대의 경우라면 on을 끄고,
off를 보여줍니다.

```
19   local function UpdateImage(STATE)
20       if STATE == "ON" then
21           offButton.Visible = false
22           onButton.Visible = true
23       else
24           offButton.Visible = true
25           onButton.Visible = false
26       end
27   end
```

07 쉬프트락 활성화/비활성화 시 카메라가 이동할 거리를 미리 설정합니다.

```
29   local ENABLED_OFFSET = CFrame.new(1.7, 0, 0)
30   local DISABLED_OFFSET = CFrame.new(-1.7, 0, 0)
```

◪ 쉬프트락을 눌러보면 카메라가 살짝 오른쪽으로 치우치게 되는데, 그 거리를 여기서 보정한다고 이해하시면 됩니다.

08 쉬프트락을 활성화하면 카메라가 바라보는 방향에 캐릭터가 고정됩니다. 카메라를 돌리면 캐릭터도 그에 따라 돌아가면서 같은 방향을 바라보게 됩니다.

아래는 **GetUpdatedCameraCFrame** 함수로, 카메라 방향에 따라 캐릭터가 바라볼 방향을 계산해서 돌려주는 역할을 합니다.

```
31    local MAX_LENGTH = 900000
32   ▾local function GetUpdatedCameraCFrame(root, camera)
33   ▾    return CFrame.new(root.Position,
34            Vector3.new(camera.CFrame.LookVector.X * MAX_LENGTH,
35                root.Position.Y, camera.CFrame.LookVector.Z * MAX_LENGTH))
36    end
```

◪ 33~35줄은 원래 한 줄에 모두 쓰이는 내용이지만, 내용을 한 줄에 담기엔 지면에 한계가 있어서 줄바꿈을 했습니다.

위 함수의 주요 내용을 살펴보겠습니다. **CFrame.new( )** 함수에 Vector3 값을 2개 넣었습니다. 첫 번째 값은 **root.Position** 그리고 두 번째 값은 **Vector3.new( )** 함수입니다.

```
33   ▾    return CFrame.new(root.Position,
34            Vector3.new(camera.CFrame.LookVector.X * MAX_LENGTH,
35                root.Position.Y, camera.CFrame.LookVector.Z * MAX_LENGTH))
```

◪ Vector3란 3가지 벡터로 구성된 값을 의미합니다.

root.Position은 HumanoidRootPart 즉, 캐릭터의 중심부 파트의 위치를 나타냅니다. 그리고 **Vector3.new( )** 함수에는 다음 3가지 벡터값(X, Y, Z)을 넣었습니다.

- 카메라가 바라보는(LookVector) X 방향 × MAX_LENGTH
- root.Position의 Y값 (몸통이 수평을 유지해야 하기 때문에 root.Position의 Y값을 넣음)
- Z 방향 × MAX_LENGTH

이렇게 **CFrame.new( )** 함수에 Vector3 값을 2개 넣었는데, Vector3 값을 2가지 입력하는 경우에는 왼쪽 위치에서 오른쪽 위치를 바라볼 때의 **CFrame** 값(방향과 위치 정보 두 가지 모두를 포함)을 반환해줍니다.

09 다음은 쉬프트락 활성화 함수입니다.

```
36   ▾local function EnableShiftlock()
37        Humanoid.AutoRotate = false
38        UpdateImage("ON")
39        HumanoidRootPart.CFrame = GetUpdatedCameraCFrame(HumanoidRootPart, CurrentCamera)
40        CurrentCamera.CFrame = CurrentCamera.CFrame * ENABLED_OFFSET
41    end
```

함수를 줄별로 설명하겠습니다.

- 37번 줄: **Humanoid**의 **AutoRotate** 속성은 캐릭터가 나아가는 방향을 향해서 자동으로 몸을 돌릴지 말지 결정할 수 있습니다. 쉬프트락은 캐릭터가 어느 쪽으로 나아가든 카메라 방향을 바라보아야 하기에 **false**로 설정했습니다.
- 38번 줄: **06**에서 만든 **UpdateImage** 함수를 불러 쉬프트락이 활성화된 이미지가 보이게 했습니다.
- 39번 줄: **08**에서 알아보았던 **GetUpdatedCameraCFrame** 함수를 불러 **HumanoidRootPart**, 즉 캐릭터가 바라볼 방향을 설정해주었습니다.
- 40번 줄: 카메라 **CFrame**에 앞서 설정했던 **ENABLED_OFFSET** 값을 곱해, 해당 수치만큼 치우치게 했습니다.

10 그 다음은 쉬프트락 비활성화 함수입니다.

```
43    local Connection = false
44   ▾local function DisableShiftlock()
45        Humanoid.AutoRotate = true
46        UpdateImage("OFF")
47        CurrentCamera.CFrame = CurrentCamera.CFrame * DISABLED_OFFSET
48   ▾    if Connection then
49            Connection:Disconnect()
50            Connection = nil
51        end
52    end
```

대체로 쉬프트락 활성화 함수와 정반대로 쓰였는데 **Connection** 관련 내용이 추가된 점(43번 줄)은 특이합니다. 이 내용에 관해서는 **12**번에서 다루겠습니다.

11 **on** 버튼은 쉬프트락이 활성화되었을 때 보이며, 이 버튼이 눌리면 쉬프트락이 비활성화 상태로 전환될 겁니다.

```
54   ▾onButton.Activated:Connect(function()
55        DisableShiftlock()
56    end)
```

12 반대로 **off** 버튼이 눌리면 쉬프트락이 활성화 상태로 전환되는데, 중간에 쉬프트락 상태가 풀리지 않도록 매 프레임마다(RenderStepped) 쉬프트락을 활성화하는 겁니다. **RenderStepped** 이벤트와 쉬프트락 활성화 함수를 연결하고, 이 연결을 **Connection** 변수에 저장했습니다.

```
57   ▾offButton.Activated:Connect(function()
58   ▾    Connection = RunService.RenderStepped:Connect(function()
59            EnableShiftlock()
60        end)
61    end)
```

앞서 살펴본 쉬프트락 비활성화 함수에서는 이 연결을 끊어(Disconnect) 쉬프트락이 매 프레임마다 활성화되는 것을 멈춘 것입니다.

```
if Connection then
    Connection:Disconnect()
    Connection = nil
end
```

13 완성된 쉬프트락 GUI는 **테스트**의 **기기** 메뉴에서 테스트해볼 수 있습니다.

14 원하는 모바일 혹은 태블릿 디바이스를
선택해 스튜디오에서 테스트할 수 있습니다.

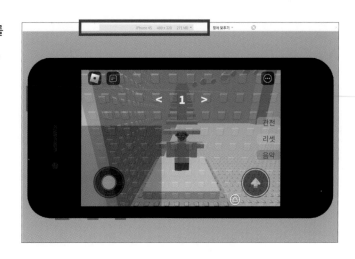

로블록스 스튜디오 TIP! 도구 상자에서 쉬프트락 GUI 가져오기

완성된 쉬프트락 GUI는 도구 상자에도 업로드해두었습니다. 필
요할 때 꺼내서 **StarterGui** 안에 넣어서 쓰면 됩니다.

더 다양한 게임 요소

PART 03

지난 파트에서 우리는 GUI와 스크립트를 활용해서 기본 게임 요소(리셋 버튼 및 단축키, 스테이지 이동 및 플레이어 관전 GUI, 쉬프트락 버튼 등)들을 만들어보았습니다.

이번 파트에서는 좀 더 다이나믹한 게임 요소들을 다룹니다. 타워 게임에 활용할 수 있는 특수한 발판들을 만들고 캐릭터 동상을 추가하여 NPC를 만들어볼 겁니다. 그리고 게임패스를 만들어 수익을 창출하는 방법도 알아봅니다. 이번 파트는 지금까지 배운 내용을 활용하고 새로운 개념도 등장해서 조금 어려울 수 있지만, 그만큼 게임을 짜릿하고 흥미진진하게 만들어줄 겁니다.

Contents ▶▶▶

PART 03 미리보기

타워 게임에 활용 가능한 여러 개체를 다뤄봅시다.

◀ 타워 클리어 배지

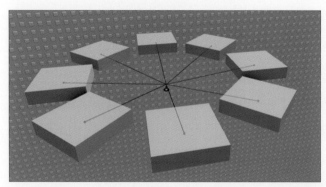

▲ 회전하는 파트

▲ 움직이는 NPC 동상

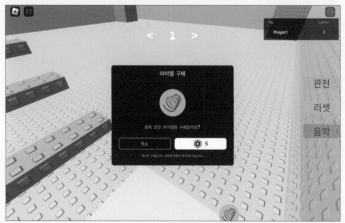

◀ 게임패스 아이템

특수한 발판들

학습 키워드 ▶ 배지, Touched, hit, GetPlayerFromCharacter(), CharacterAdded

CHAPTER 06

1 다음 타워로 이동하는 발판 만들기

새 타워를 추가해봅시다.

01 타워 만들어보기(p.31)를 따라 타워를 만들었다면, **탐색기**에 **Tower** 모델이 있을 겁니다. 클릭해서 선택합니다.

02 **Tower** 모델을 선택하면 모델 주변으로 파란색 테두리가 나타납니다. 이 상태에서 모델을 **마우스 우클릭** 하고 **중복**을 선택합니다.

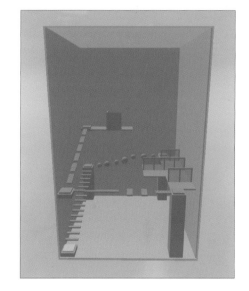

03 **탐색기**를 보면 Tower 모델이 복제되었습니다. 복제본의 이름을 **Tower2**라고 지어줍니다.

04 이동 도구를 이용해 **Tower2**를 옆으로 이동시킵니다.

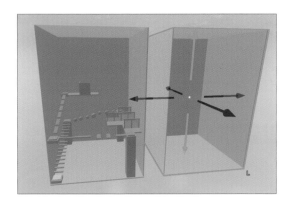

05 Tower 모델과 구분되도록 색깔도 변경해줍니다.

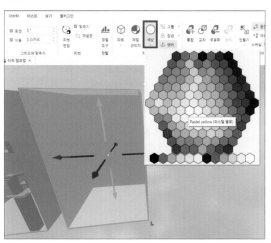

06 첫 번째 타워 맨 꼭대기에는 **타워 이동 발판**을 만들어줄 겁니다. 보라색 파트 바닥 위에 하얀색 파트를 배치했습니다.

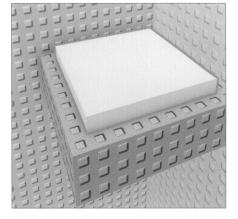

주의

파트들을 앵커하는 것 잊지 말아주세요!

07 **하얀색 파트**의 이름은 Teleport로 지어주세요.

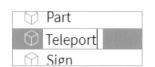

08 **Teleport** 파트에 마우스 커서를 가져가 **십자 버튼**을 클릭하고 **스크립트**를 추가합니다.

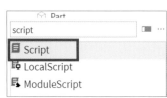

09 작성할 스크립트의 내용은 다음과 같습니다.

1. 파트를 밟은 플레이어 캐릭터를 감지하고
2. 원하는 위치로 이동시키기

10 먼저 **파트를 밟은 플레이어 캐릭터를 감지**하는 스크립트를 작성해보겠습니다. 이 동작 원리는 킬파트 스크립트와 동일합니다. 따라서 킬파트 스크립트 내용을 복사해서 가져옵니다.

```lua
1    local Part = script.Parent
2
3    Part.Touched:Connect(function(hit)
4        if hit.Parent:FindFirstChild("Humanoid") then
5            hit.Parent.Humanoid.Health = 0
6        end
7    end)
```

11 이제 **원하는 위치로 모델을 이동**시키는 스크립트를 작성하겠습니다.

❶ Humanoid의 Health를 0으로 설정하는 부분만 지우고 ❷ hit.Parent:MoveTo()라고 적습니다.

```lua
1    local Part = script.Parent
2
3    Part.Touched:Connect(function(hit)
4        if hit.Parent:FindFirstChild("Humanoid") then
5            hit.Parent.Humanoid.Health = 0        ❶ 기존 코드 삭제
6        end                                       ❷ 삭제한 자리에 hit.Parent:MoveTo()를 추가
7    end)
```

```lua
1    local Part = script.Parent
2
3    Part.Touched:Connect(function(hit)
4        if hit.Parent:FindFirstChild("Humanoid") then
5            hit.Parent:MoveTo()
6        end
7    end)
```

NOTE 변수 이름이 다를 수도 있습니다

지금은 변수명이 모두 **hit**로 되어있지만, 혹 hit가 아닌 다른 이름으로 사용할 거라면 변수명을 모두 해당 이름으로 통일해야 합니다. 예를 들어 변수명을 hit 대신 touch라고 썼다면 hit라고 썼던 곳을 모두 touch로 바꾸어야 합니다.

```lua
1    local Part = script.Parent
2
3    Part.Touched:Connect(function(hit)
4        if hit.Parent:FindFirstChild("Humanoid") then
5            hit.Parent:MoveTo()
6        end
7    end)
```

12 다시 월드로 돌아와서 텔레포트 목적지를 만들어보겠습니다. 기존 타워의 체크포인트 하나를 복사해서 새 타워 시작 지점에 붙여넣습니다.

 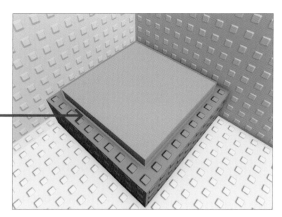

13 새 타워 시작 지점에 **마우스 우클릭** 후 **방향 표시기 표시**를 선택해서 **파란색 F**로 표시되는 앞면을 확인합니다.

14 **앞면**이 **정면**을 보도록 체크포인트를 회전시켜줍니다.

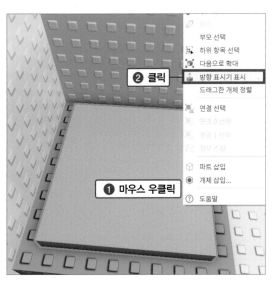 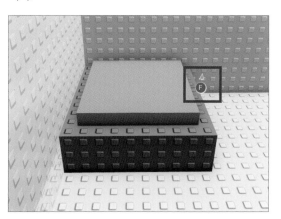

15 **탐색기**에서 새 체크포인트를 ❶ Spawns 폴더 안에 넣고 ❷ 마지막 번호로 이름을 바꿔줍니다.

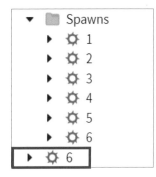 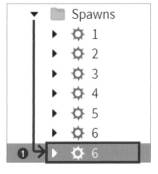 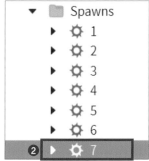

16 다시 텔레포트(Teleport) 스크립트로 돌아와서 다음과 같이 5번 줄을 완성합니다.

❶   ❷

```
5            hit.Parent:MoveTo(workspace.Spawns["7"].Position)
```

❶ **Workspace** 안의 **Spawns** 폴더에서 방금 넣은 새 체크포인트를 찾고

```
hit.Parent:MoveTo(workspace.Spawns["7"])
```

❷ **Position** 속성을 구해서 해당 체크포인트로 이동할 수 있도록 합니다.

```
hit.Parent:MoveTo(workspace.Spawns["7"].Position)
```

17 타워 이동 발판이 완성되었으니 테스트해 보겠습니다. 처음부터 타워를 올라가는 건 시간이 너무 오래 걸리므로 **여기서 플레이** 기능을 사용합니다.

18 발판 옆 파트에 카메라를 두고 테스트를 실행합니다. 그러면 플레이어는 그 파트 위에 스폰됩니다.

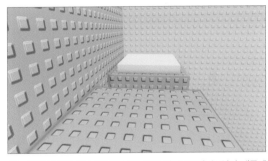

◪ 발판 위에서 테스트하면 로딩 중에 텔레포트될 수 있기 때문에 발판 옆 파트에서 테스트를 합니다.

19 이제 발판 위로 점프해보세요. 그러면 두 번째 타워로 이동하게 됩니다.

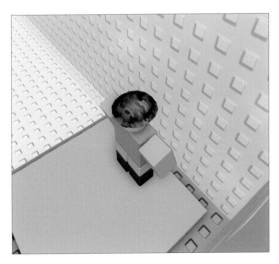

로블록스 스튜디오 TIP! 첫 번째 타워의 체크포인트 개수가 바뀐다면?

만약 나중에 첫 번째 타워의 체크포인트 개수를 추가한다면 두 번째 타워의 체크포인트 이름(번호)도 그에 따라 바꿔주어야 합니다.

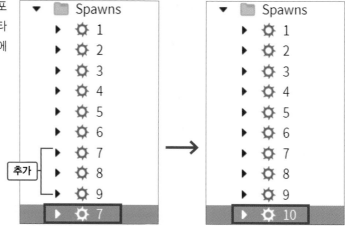

그리고 텔레포트 스크립트에도 바뀐 번호를 입력해줘야 합니다.

```
hit.Parent:MoveTo(workspace.Spawns["10"].Position)
```

고수들을 위한 TIP! PivotTo( ) 함수

MoveTo( ) 함수는 모델 위치만 이동시켜주고, **모델의 방향은 그대로 유지**해줍니다. 그래서 마지막 문단의 스크린샷을 보면 캐릭터가 텔레포트 후에도 뒤쪽을 바라봅니다.

한편, MoveTo( ) 대신 **PivotTo( )**라는 함수를 사용하면 캐릭터가 텔레포트될 때 파트의 **앞면**을 바라보게 됩니다. 아래는 PivotTo( ) 함수를 사용한 예시입니다.

```
1    local Part = script.Parent
2
3    Part.Touched:Connect(function(hit)
4        if hit.Parent:FindFirstChild("Humanoid") then
5            hit.Parent:PivotTo(workspace.Spawns["7"].CFrame+ Vector3.new(0,5,0))
6        end
7    end)
```

PivotTo( ) 함수는 Position이 아닌 **CFrame** 속성을 사용해야 하며, 높이 보정이 없어서 직접 **Vector3** 값을 더해주어야 합니다. (참고로 Vector3 값을 더해서 이동하는 방식은 **5) 스테이지 이동하기**의 **16번**(p.112)에서도 사용하였습니다.)

타워 클리어 배지 발판 만들기

타워를 클리어하면 주는 배지를 만들어봅시다.

01 먼저 배지 이미지를 준비합니다. 모양은 **정사각형**이어야 하며 크기는 **512*512** 픽셀(px)이 바람직합니다.

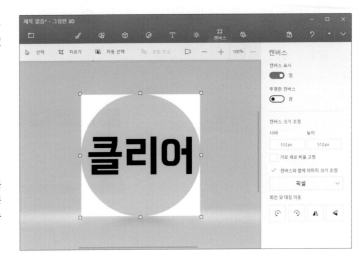

⬥ 저는 그림판으로 배지 이미지를 만들었습니다.
⬥ 업로드했을 때 원 바깥 부분은 잘리는 점을 주의해주세요. 그리고 이미지 파일 형식은 .png, .jpg, .bmp 3가지 중 하나만 선택할 수 있습니다.

02 상단 메뉴의 **홈** 탭에서 **게임 설정**으로 들어간 다음, **수익 창출** 카테고리에서 **배지**를 만들 수 있습니다. 배지 옆의 **만들기** 버튼을 클릭합니다.

🔧
게임
설정
설정

03 다음 창이 나타나면 배지 이미지를 업로드하고 **이름**과 **설명**을 적습니다. 다 적었다면 **Preview** 버튼을 클릭합니다.

04 배지 미리보기 이미지가 나오기까지 잠시 기다립니다.

▰ 업로드한 이미지에 부적절한 내용이 없는지 확인하는 절차가 있어 몇 분 정도 기다려야 합니다.

05 **Purchase** 버튼을 눌러 배지를 생성할 수 있습니다. 한 게임당 24시간에 5개까지 무료로 만들 수 있고, 그 이후부터는 100 로벅스를 지불해야 합니다.

06 배지 만들기가 끝났으면 게임 설정 창을 껐다 켜보세요. 업로드한 배지 이미지가 보일 겁니다.

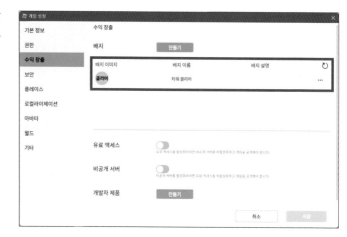

07 배지를 만들었으니 배지 발판 파트를 추가해보겠습니다.

먼저 배지 오른쪽의 ❶ **점 3개 아이콘을 클릭**하고 ❷ **ID를 클립보드로 복사를 클릭**합니다.

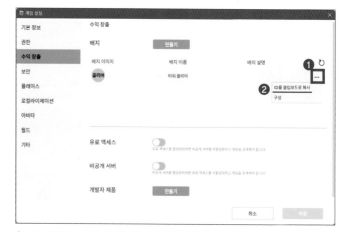

▰ 복사한 ID는 메모장 등에 붙여넣기해서 저장해둡니다.

08 다음 타워로 이동하는 발판 만들기의 06(p.154)에서 했던 것처럼 타워 꼭대기에 발판을 만들어줍니다.

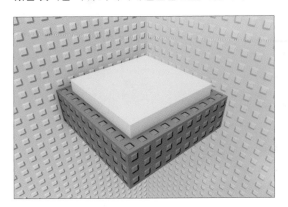

09 파트 이름은 **Badge**로 짓고, 파트 안에는 **스크립트**를 추가합니다.

10 킬파트나 타워 이동 발판과 같이 배지 발판 스크립트도 파트의 **Touched** 이벤트를 사용하는데, 나머지 부분은 조금 다릅니다.

```
1  local Part = script.Parent
2
3  Part.Touched:Connect(function(hit)
4
5  end)
```

⚑ 위와 같이 Touched 이벤트를 작성하고 다음을 따라가면서 스크립트를 완성해봅시다.

11 먼저 배지를 받을 플레이어를 구해야 하므로 **Players** 개체를 구합니다.

```
1  local Part = script.Parent
2  local Players = game.Players
3
4  Part.Touched:Connect(function(hit)
5
6  end)
```

12 그리고 배지를 지급해야 하므로 **BadgeService** 서비스를 구합니다.

```
1  local Part = script.Parent
2  local Players = game.Players
3  local BadgeService = game:GetService("BadgeService")
4
5  Part.Touched:Connect(function(hit)
6
7  end)
```

13 플레이어를 구할 때는 **Players** 개체의 **GetPlayerFromCharacter( )** 함수를 이용합니다.

```
5  Part.Touched:Connect(function(hit)
6      Players:GetPlayerFromCharacter()
7  end)
```

⚑ Get, Player, From, Character 4가지 단어로 이루어진 긴 이름입니다. 각 단어의 앞글자는 대문자를 입력해주세요.

14 GetPlayerFromCharacter()는 캐릭터를 넣으면 플레이어를 반환해주는 함수입니다. 캐릭터가 파트를 밟으면 캐릭터의 다리 파트가 hit에 들어올 겁니다. **hit**에 Parent를 하면 다리 파트가 들어있는 캐릭터 모델을 찾을 수 있습니다.

```
5   Part.Touched:Connect(function(hit)
6       Players:GetPlayerFromCharacter(hit.Parent)
7   end)
```

🔹 hit.Parent를 넣는 것은 즉 플레이어의 캐릭터를 넣는 겁니다.

15 함수 왼쪽에 **plr** 변수를 두면 plr 안에 **플레이어** 개체가 반환됩니다.

```
5   Part.Touched:Connect(function(hit)
6       local plr = Players:GetPlayerFromCharacter(hit.Parent)
7   end)
```

16 NPC가 밟았거나 일반 파트가 닿은 경우에는 플레이어를 못 찾을 수도 있습니다. 따라서 조건문으로 플레이어를 찾은 경우만 걸러줍니다.

```
5   Part.Touched:Connect(function(hit)
6       local plr = Players:GetPlayerFromCharacter(hit.Parent)
7       if plr then
8
9       end
```

17 배지를 줄 땐 **BadgeService**의 **AwardBadge** 함수를 이용합니다.

```
7       if plr then
8           BadgeService:AwardBadge()
9       end
```

18 AwardBadge 함수의 **첫 번째** 인자로 배지를 받을 **플레이어의 아이디**(UserId)를 넣어줍니다.

```
7       if plr then
8           BadgeService:AwardBadge(plr.UserId, )
9       end
```

19 AwardBadge 함수의 **두 번째** 인자로 **배지 아이디**를 넣어줍니다.

```
7       if plr then
8           BadgeService:AwardBadge(plr.UserId, 2148025482)
9       end
```

🔹 앞서 배지를 만들 때 클립보드에 복사했던 아이디입니다.

20 완성된 배지 스크립트입니다.

```
1   local Part = script.Parent
2   local Players = game.Players
3   local BadgeService = game:GetService("BadgeService")
4
5   Part.Touched:Connect(function(hit)
6       local plr = Players:GetPlayerFromCharacter(hit.Parent)
7       if plr then
8           BadgeService:AwardBadge(plr.UserId, 2148025482)
9       end
10  end)
```

21 배지 발판 옆에 카메라를 두고, **여기서 플레이**로 테스트해봅니다.

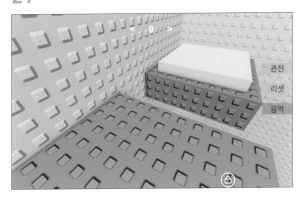 

22 배지 발판을 밟으면 화면 오른쪽 아래에 배지 획득 메시지가 나타납니다.

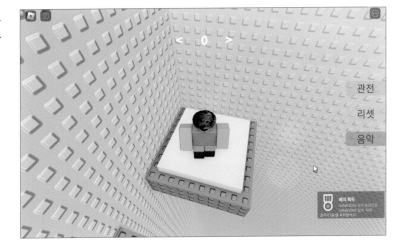

3 타이머 파트 만들기

출발지에서 목적지까지 얼마나 빨리 이동할 수 있는지 시간을 재는 파트를 만들어봅시다.

01 출발 지점 파트를 준비합니다.

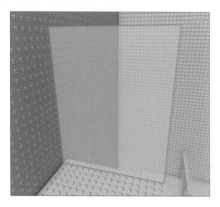

02 **BrickColor**는 **하얀색**으로, **Transparency** 속성은 **0.5**로 설정했습니다.

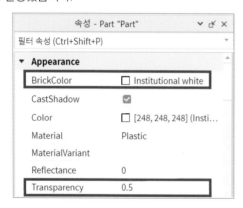

부록의 **파트 그림자 및 테두리 만들기**(p.255)에 나온 내용대로 테두리를 추가해줘도 좋습니다.

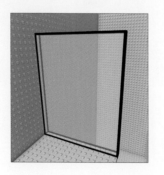

03 **CanCollide** 속성은 **해제**해서 통과할 수 있게 하고, **Anchored**는 **체크**해서 파트가 아래로 떨어지지 않도록 고정해줍니다.

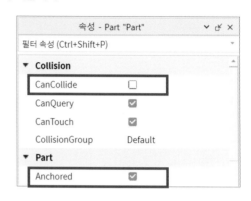

04 파트 이름은 **Start**라고 짓습니다.

🔶 S는 대문자로 입력해주세요.

05 타이머 전용 점프맵 단계를 만들어주고, 맨 끝에 똑같은 파트를 복사해서 배치합니다.

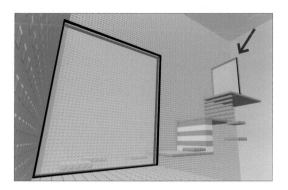

06 복사한 파트는 **Finish**로 이름을 지어줍니다.

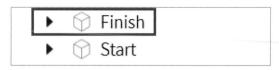

🐾 F는 대문자로 입력해주세요.

07 다음으로 숫자를 표시할 GUI를 만듭니다. **StarterGui**에 **ScreenGui**를 추가해주세요.

08 이름은 **TimerGui**로 지어주고 그 안에 **TextLabel**을 추가합니다.

09 다음과 같이 **TextLabel** 속성을 설정합니다.

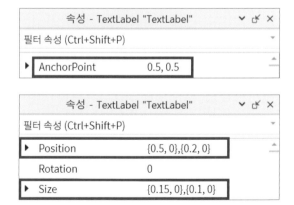

- **AnchorPoint**: 0.5, 0.5 (정중앙 기준)
- **Position**: {0.5, 0},{0.2, 0} (정중앙 위쪽으로 설정)
- **Size**: {0.15, 0},{0.1, 0}

🐾 GUI 크기와 위치 관련 자세한 해설은 GUI 편집 기초(p.74)를 참고 해주세요.

10 **09**와 같이 TextLabel 속성을 설정하면 다음과 같이 만들어집니다.

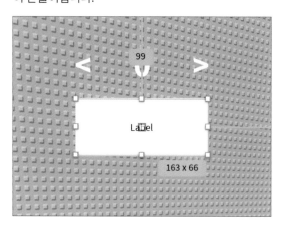

11 **BackgroundTransparency**는 **1**로 설정해서 배경을 투명하게, **BorderSizePixel**은 **0**으로 설정해서 윤곽선 두께는 안 보이게 합니다.

속성 - TextLabel "TextLabel"	∨ ⊯ ×
필터 속성 (Ctrl+Shift+P)	
BackgroundColor3	☐ [255, 255, 255]
BackgroundTransp...	1
BorderColor3	■ [0, 0, 0]
BorderMode	Outline
BorderSizePixel	0

12 마지막으로 다음과 같이 **TextLabel** 속성을 설정합니다. **Text** 항목에 **00**을 넣어 실제 화면에서 어떻게 보이는지 확인해보세요.

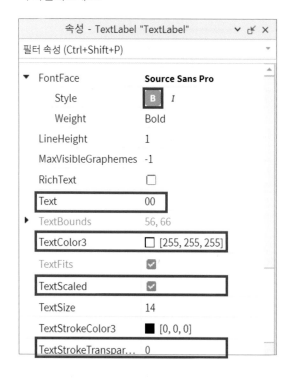

- **Style**: B (볼드체)
- **TextColor3**: 255, 255, 255 (하얀색)
- **TextScaled**: 체크 (GUI 크기에 맞추기)
- **TextStrokeTransparency**: 0 (글자 윤곽선이 보이게)

13 TextLabel 안에는 LocalScript를 추가
합니다.

```
▼  🖳 TimerGui
   ▼  T◦ TextLabel
         📇 LocalScript
```

14 이제 스크립트를 작성해보겠습니다.
먼저 **플레이어**를 구해줍니다.

```
1    local Player = game.Players.LocalPlayer
```

15 그 다음 플레이어의 **캐릭터**를 구해줍니다.

```
1    local Player = game.Players.LocalPlayer
2    local Character = Player.Character
```

16 GUI가 로드되었을 때 캐릭터가 스폰되지 않았을 수 있으므로, 캐릭터가 추가되길 기다리는 코드를 추가합니다.

```
1    local Player = game.Players.LocalPlayer
2    local Character = Player.Character or Player.CharacterAdded:Wait()
```

17 캐릭터의 **Humanoid**를 구해줍니다. Humanoid가 로드되지 않았을 수 있으므로 **WaitForChild** 함수를 이용해 찾
습니다.

```
1    local Player = game.Players.LocalPlayer
2    local Character = Player.Character or Player.CharacterAdded:Wait()
3    local Humanoid = Character:WaitForChild("Humanoid")
```

18 마지막으로 **TextLabel**을 찾습니다.

```
1    local Player = game.Players.LocalPlayer
2    local Character = Player.Character or Player.CharacterAdded:Wait()
3    local Humanoid = Character:WaitForChild("Humanoid")
4
5    local TextLabel = script.Parent
```

```
▼  🖳 TimerGui
   ▼  T◦ TextLabel
   Parent ↖ 📇 LocalScript
```

19 **Humanoid**의 **Touched** 이벤트는
캐릭터가 다른 파트에 닿았을 때 트리거
됩니다. 이 이벤트를 함수와 연결합니다.

```
7    ·Humanoid.Touched:Connect(function(hit)
8
9    end)
```

🗋 닿은 파트는 hit 변수에 들어옵니다.

20 조건문으로 파트(hit)의 이름이 Start인 경우와

```
 7  ┌ Humanoid.Touched:Connect(function(hit)
 8  │    if hit.Name == "Start" then
 9  │
10  │    end
11    end)
```

파트(hit)의 이름이 **Finish**인 경우를 구합니다.

```
 7  ┌ Humanoid.Touched:Connect(function(hit)
 8  │    if hit.Name == "Start" then
 9  │
10  │    elseif hit.Name == "Finish" then
11  │
12       end
13    end)
```

이 조건문으로 앞서 만든 두 파트 Start와 Finish를 찾아준 겁니다.

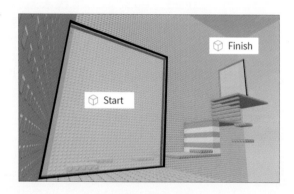

21 타이머가 켜졌는지 알려줄 용도로 **TimerOn**이라는 변수를 선언합니다. 캐릭터가 **Start**에 닿으면 타이머를 **true**로 켜주고, **Finish**에 닿으면 타이머를 **false**로 꺼주면 됩니다.

```
 5   local TextLabel = script.Parent
 6
 7   local TimerOn = false
 8   Humanoid.Touched:Connect(function(hit)
 9       if hit.Name == "Start" then
10           TimerOn = true
11       elseif hit.Name == "Finish" then
12           TimerOn = false
13       end
14   end)
```

22 그리고 **elseif**문에 다음 코드를 추가합니다.

```
12       elseif hit.Name == "Finish" then
13           TimerOn = false
14           TextLabel.TextColor3 = Color3.new()
15       end
```

◪ 이 코드로 캐릭터가 Finish에 닿았을 때 글자색을 초록색으로 바꿔줄 겁니다.

23 방금 적은 코드에서 괄호를 클릭하면 무지개색 상자가 나타납니다.

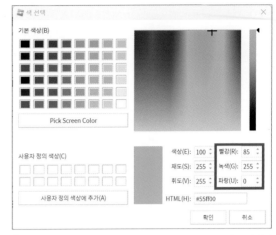

상자를 클릭하면 **색 선택 창**이 나타납니다. 컬러 팔레트에서 적당한 녹색을 고르고 **확인**을 클릭해주세요.

📙 컬러 팔레트에서 색을 고르면 해당 색의 RGB 값이 표기됩니다. 저는 RGB 값을 85, 255, 0으로 설정했습니다.

24 방금 고른 색에 대한 값이 자동으로 스크립트에 적힙니다.

```
Color3.new(0.333333, 1, 0)
```

📙 스크립트에 적힌 값은 방금 고른 색의 RGB 값을 각각 255로 나눈 겁니다.

25 타이머가 처음부터 다시 시작되었을 때는 글자색을 하얀색으로 되돌려줍니다.

```
 9      if hit.Name == "Start" then
10          TimerOn = true
11          TextLabel.TextColor3 = Color3.new(1, 1, 1)
```

📙 하얀색의 RGB 값은 255, 255, 255인데 이를 각각 255로 나누어 1, 1, 1로 표기합니다.

26 다음은 시간을 기록할 변수입니다. **seconds**라는 변수를 선언하고 타이머를 시작할 때 0으로 설정해줍니다.

```
 7    local TimerOn = false
 8    local seconds = 0
 9  Humanoid.Touched:Connect(function(hit)
10      if hit.Name == "Start" then
11          TimerOn = true
12          TextLabel.TextColor3 = Color3.new(1, 1, 1)
13          seconds = 0
14      elseif hit.Name == "Finish" then
```

27 이제 맨 아래에 무한 반복문을 넣어 실시간으로 시간을 갱신해주면 됩니다

```
20    while true do
21
22        end
```

28 task.wait() 함수로 한 프레임을 기다리고, 지나간 시간만큼 **step**에 저장합니다.

```
20    while true do
21        local step = task.wait()
22
23        end
```

29 앞서 선언한 **TimerOn** 변수를 이용하여 타이머가 켜지면 시간을 갱신하도록 합니다. 타이머가 만약 켜져있으면(true)

```
20    while true do
21        local step = task.wait()
22        if TimerOn == true then
23
24        end
25    end
```

step에 저장한 시간만큼 **seconds**에 더해줍니다.

```
20    while true do
21        local step = task.wait()
22        if TimerOn == true then
23            seconds += step
24        end
25    end
```

◈ seconds는 앞서 선언했던 시간을 기록하는 변수입니다.

30 **TextLabel**의 **Text** 속성에 해당 숫자를 넣으면 됩니다.

```
20    while true do
21        local step = task.wait()
22        if TimerOn == true then
23            seconds += step
24            TextLabel.Text = seconds
25        end
26    end
```

31 지금까지 작성한 스크립트를 실행해보면 타이머의 소수 자리가 너무 많이 표시됩니다. 타이머는 보통 소수 둘째 자리까지만 보여줘도 충분합니다. 예를 들어 아래와 같은 경우에는 소수 셋째 자리에서 반올림해서 2.35초라고 표시하면 될 겁니다.

2.3475503999834473

32 그럼 타이머가 소수 둘째 자리까지만 나오도록 해보겠습니다. 먼저 **string.format** 함수를 통해 문자열을 포매팅해봅시다.

```
seconds += step
TextLabel.Text = string.format()
```

33 **string.format** 함수의 **첫 번째 인자**로 **"%.2f"**를 적습니다. f는 소수(float)를 의미하고, .2는 소수 둘째 자리까지 표시한다 뜻입니다.

```
seconds += step
TextLabel.Text = string.format("%.2f",)
```

◆ 만약 소수 셋째 자리까지 보고 싶다면 "%.3f"라고 적으면 됩니다

34 그리고 함수의 **두 번째 인자**로 **seconds**를 넣으면, seconds에 기록된 숫자를 소수 둘째 자리까지 반올림해줍니다.

```
seconds += step
TextLabel.Text = string.format("%.2f", seconds)
```

35 다시 테스트하면 2번째 자리까지만 표시되며

도착 지점(Finish 파트)에 도착하면 글자색은 초록색으로 바뀝니다.

36 마지막으로 한 가지만 더 추가합니다. 타이머 시작 전부터 굳이 00을 표시할 필요는 없으므로, 반복문 시작 전 **Text** 속성에 **공백**을 넣어 안 보이게 해줍시다.

```
20    TextLabel.Text = ""
21   while true do
22       local step = task.wait()
23       if TimerOn == true then
24           seconds += step
25           TextLabel.Text = string.format("%.2f", seconds)
26       end
27   end
```

37 완성된 타이머 스크립트입니다.

```
1    local Player = game.Players.LocalPlayer
2    local Character = Player.Character or Player.CharacterAdded:Wait()
3    local Humanoid = Character:WaitForChild("Humanoid")
4
5    local TextLabel = script.Parent
6
7    local TimerOn = false
8    local seconds = 0
9   Humanoid.Touched:Connect(function(hit)
10       if hit.Name == "Start" then
11           TimerOn = true
12           TextLabel.TextColor3 = Color3.new(1, 1, 1)
13           seconds = 0
14       elseif hit.Name == "Finish" then
15           TimerOn = false
16           TextLabel.TextColor3 = Color3.new(85/255, 255/255, 0)
17       end
18   end)
19
20   TextLabel.Text = ""
21   while true do
22       local step = task.wait()
23       if TimerOn == true then
24           seconds += step
25           TextLabel.Text = string.format("%.2f", seconds)
26       end
27   end
```

로블록스 스튜디오 TIP! 도구 상자에서 타이머 GUI와 타이머 파트 가져오기

이번 유닛에서 만든 타이머 GUI와 타이머 파트는 도구 상자
에도 업로드해두었습니다. 필요할 때 가져와서 사용하시면
됩니다.

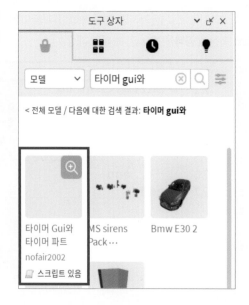

움직이는 파트

학습 키워드 | Vector3, Attachment, HingeConstraint, 용접, PrismaticConstraint

CHAPTER 07

최적화된 회전 파트 만들기

움직이는 파트는 잘못 다뤘다간 게임 렉의 주범이 될 수 있습니다. 이번 유닛에서는 회전하는 파트를 2가지로 나누어 다루려 합니다.

1) 안 밟는 파트

첫 번째는 플레이어가 밟지 못하는 파트입니다. 밟을 이유가 없는 데미지 파트나 킬파트, 혹은 장식용 파트 등에 사용할 수 있습니다.

01 킬파트를 하나 준비합니다. 킬파트의 **CanCollide** 속성을 **해제**해서 통과할 수 있게 하고, **Anchored** 속성은 **체크**해서 파트가 떨어지지 않게 합니다.

02 **킬파트** 안의 **스크립트**를 선택합니다.

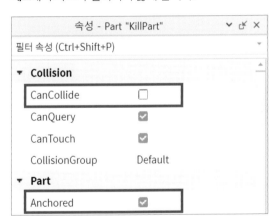

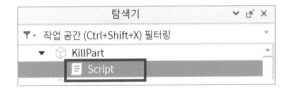

03 RunContext를 Client로 설정합니다.

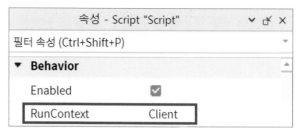

📎 이렇게 하면 서버가 아닌 클라이언트(각 플레이어의 디바이스)에서 스크립트가 실행됩니다. 따라서 서버 네트워크에 문제가 있어도 파트 회전에는 영향이 없고, 서버의 부담도 줄어들어 서버 렉이 감소하게 됩니다.

04 스크립트에는 이미 킬파트 관련 내용이 적혀있을 겁니다. 파트가 킬파트 기능도 수행해야 하므로 해당 부분은 온전히 놔두고, 아래에 무한 반복문(while true do)을 추가합니다.

```lua
1    local Part = script.Parent
2
3  ▾ Part.Touched:Connect(function(hit)
4  ▾     if hit.Parent:FindFirstChild("Humanoid") then
5            hit.Parent.Humanoid.Health = 0
6        end
7    end)
8
9  ▾ while true do
10
11     end
```

05 3. 타이머 파트 만들기(p.164)에서 했던 것처럼 **task.wait( )**를 이용해 한 프레임씩 기다리고, 기다린 시간을 **step**에 저장합니다.

```lua
9  ▾ while true do
10       step = task.wait()
11    end
```

06 한 프레임마다 파트의 Orientation, 즉 방향(회전)에 일정 수치를 더해줄 겁니다.

```lua
9  ▾ while true do
10       step = task.wait()
11       script.Parent.Orientation += Vector3.new()
12    end
```

07 **Vector3.new**의 **첫 번째**와 **두 번째 인자**로는 0을 입력합니다.

```lua
script.Parent.Orientation += Vector3.new(0,0,)
```

그리고 세 번째 인자로는 **step * 회전속도**를 넣습니다.

```lua
script.Parent.Orientation += Vector3.new(0,0,step * 360)
```

📎 360을 넣으면 1초에 한 바퀴, 180을 넣으면 반 바퀴, 720을 넣으면 두 바퀴를 돕니다.

08   반대 방향으로 회전시키고 싶으면 숫자 앞에 마이너 스(–) 기호를 붙입니다.

```
Vector3.new(0,0,step * -360)
```

09   파트에 **마우스 우클릭** 후 **방향 표시기 표시**를 클릭합니다.

주의

F가 뻗어나오는 선이 바로 회전축입니다. 잊지 마세요!

10   회전축을 보고 원하는 크기와 방향으로 배치하면 됩니다.

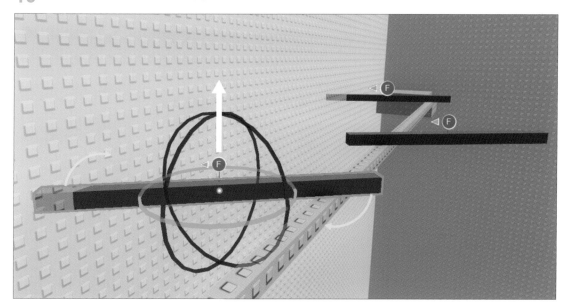

◻ 하얀 화살표로 표시한 것은 회전축, 노란 화살표로 표시한 것은 회전 방향입니다.

2) 밟는 파트

두 번째는 플레이어가 밟을 수 있는 파트입니다.

이 파트는 다음 유닛에서 다룰 2. 최적화된 앞뒤로 움직이는 파트 만들기(p.185)와 제작 과정이 비슷합니다. 밟는 파트가 만들기 어렵다고 느껴진다면 다음 유닛을 먼저 보고 와도 좋습니다. 그러면 훨씬 쉬워질 겁니다.

01 파트를 하나 준비합니다. **Transparency** 속성은 1로 투명하게, **CanCollide**는 **체크 해제**해서 통과되게, **Anchored**는 **체크**해서 떨어지지 않고 고정되게 합니다.

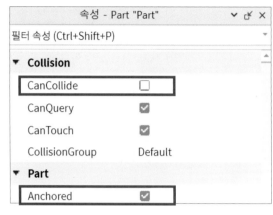

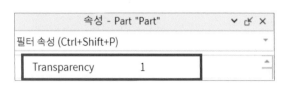

02 **Size**는 **2, 1, 2**로 설정합니다.

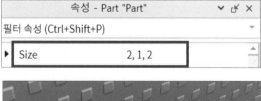

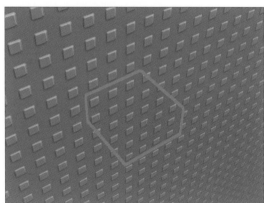

03 상단 메뉴 **모델**의 **만들기** 버튼을 주목해주세요. **제약 세부 사항**을 먼저 켜고 **만들기** 버튼 아래 화살표를 클릭하면 목록이 나옵니다. 목록 맨 아래의 첨부를 선택합니다.

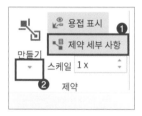

04 이것을 파트 정중앙 위에 하나 배치합니다. 그러면 초록색 구체가 생성됩니다.

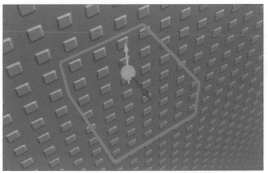

◈ 초록색 구체가 생성되면 Part 안에 Attachment가 추가됩니다.

05 **선택** 도구를 **클릭**해서 첨부 기능을 끄고 **파트를 복사**해서 2개로 만들어줍니다.

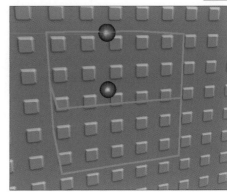

06 **위쪽** 파트를 **180도** 뒤집습니다

주의

이때 두 파트의 초록색 구체가 완전히 겹쳐야 합니다.

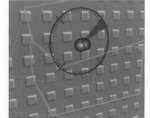

07 아래 파트는 Part0, 위 파트는 Part1로 이름을 설정합니다.

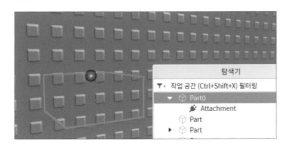

08 **탐색기**를 보면 두 파트 안에 **Attachment**가 각각 있습니다.

◈ 이 개체가 파트에 보이는 초록색 구체입니다.

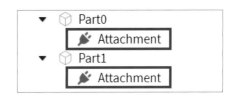

09 Part0에 **HingeConstraint**를 추가합니다.

NOTE **HingeConstraint의 역할**

여닫이문을 보면 문틀에 경첩이 달려 있습니다. 문틀과 문 사이를 이어서 하나가 되게 하고, 경첩의 중심은 문을 여닫게 만드는 회전축 역할을 하죠. HingeConstraint의 역할은 경첩과 같다고 보면 됩니다. 두 Attachment가 마치 하나인 것처럼 고정함으로써 두 Attachment가 한 축을 중심으로 회전할 수 있도록 합니다.

10 초록색 구체 주위로 **HingeConstraint**가 나타났습니다. 화면을 보면 노란색 화살표들이 서로 반대 방향을 가리키는데, 모두 같은 방향을 보도록 통일해야 합니다.

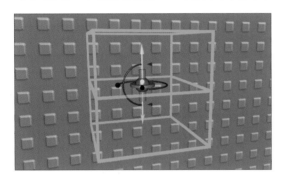

11 **Part1**의 **Attachment**를 선택합니다.

12 모든 노란 화살표가 위쪽을 가리키도록 **회전 도구**로 회전시킵니다.

13 HingeConstraint에는 Attachment0과 Attachment1 속성이 있습니다. Attachment0은 Part0의 Attachment 로 설정하고, Attachment1은 Part1의 Attachment로 설정합니다.

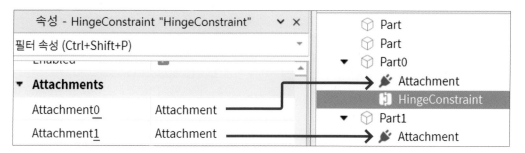

14 Enabled 속성은 **체크 해제**를 하고(나중에 스크립 트로 켜줄 겁니다), ActuatorType은 Motor로 설정합니다.

15 ActuatorType을 설정하면 추가 속성이 나타납니 다. 다음과 같이 추가 속성을 설정합니다.

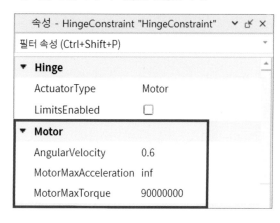

NOTE ActuatorType의 추가 속성들의 역할

- **AngularVelocity**: 회전 속도(각 속도)를 의미하며 단위는 라디안/초(radians/s)입니다. 예를 들어 회전 속도가 3.14 이면 1초에 반 바퀴(180도)를, 6.28이면 1초에 한 바퀴(360도)를 회전하는 속도입니다. 반대 방향으로 회전시키고 자 하면 숫자 앞에 마이너스(-) 기호를 붙입니다.

- **MotorMaxAcceleration**: 설정된 회전 속도(AngularVelocity)를 맞추기 위해 가할 수 있는 최대 가속도를 의미합니 다. 수정할 필요 없이 **inf** 그대로 둡니다.

- **MotorMaxTorque**: 회전축의 최대 힘입니다. 회전이 외부 힘에 방해 받지 않도록 적당히 큰 숫자를 넣으면 됩니다.

16 HingeConstraint 안에 **스크립트**를 추가합니다.

17 **스크립트**의 RunContext 속성을 Client로 설정합니다.

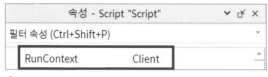

```
▼ ⬡ Part0
    🔌 Attachment
  ▼ 🗍 HingeConstraint
       📄 Script
```

속성 - Script "Script"	∨ ⤢ ×
필터 속성 (Ctrl+Shift+P)	
RunContext	Client

📬 이로써 이 스크립트는 서버가 아닌 클라이언트(각 플레이어의 디바이스)에서 실행됩니다.

18 이제 스크립트를 작성해보겠습니다. 우선 Part1을 구해줍니다.

```
1    local part1 = script.Parent.Attachment1.Parent
```

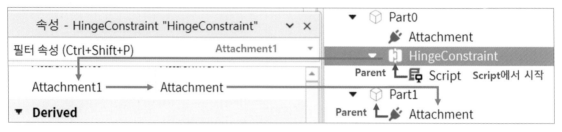

📬 HingeConstraint의 Attachment1 속성에 등록된 Attachment 개체를 통해 Part1을 구합니다.

19 Part1의 복제본(Clone)을 **part1C** 변수에 저장합니다.

```
1    local part1 = script.Parent.Attachment1.Parent
2    local part1C = part1:Clone()
```

📬 Clone( )은 개체를 복제하는 함수입니다. C는 대문자로 입력해주세요.

20 서버에 원래 있던 **Part1**은 **제거**합니다.

```
1    local part1 = script.Parent.Attachment1.Parent
2    local part1C = part1:Clone()
3    part1:Destroy()
```

📬 이 스크립트는 클라이언트에서 실행되므로(17번에서 설정함) 실제 서버에 영향은 없고, 플레이어 본인에게만 제거된 것으로 인식됩니다.

21 복제본(part1C)을 **Workspace**에 꺼내 제거한 Part1을 대체합니다.

```
1    local part1 = script.Parent.Attachment1.Parent
2    local part1C = part1:Clone()
3    part1:Destroy()
4    part1C.Parent = workspace
```

📬 Part1을 클라이언트에서 다시 생성함으로써 클라이언트에서 파트 회전을 처리하도록 하는 조치입니다.

22 Part1 원본을 제거하면 그 안의 Attachment도 같이 사라집니다.

그러므로 **Attachment1** 속성을 **복제본**의 **Attachment**로 교체합니다.

```
1    local part1 = script.Parent.Attachment1.Parent
2    local part1C = part1:Clone()
3    part1:Destroy()
4    part1C.Parent = workspace
5    script.Parent.Attachment1 = part1C.Attachment
```

23 단, **Clone( ) 함수로 복제한 개체**에서는 **WaitForChild** 함수로 찾아주어야 합니다. 복사 과정에서 안의 다른 개체들이 로드될 때까지 시간이 걸릴 수 있기 때문입니다.

```
5    script.Parent.Attachment1 = part1C:WaitForChild("Attachment")
```

24 마지막으로 **HingeConstraint**의 **Enabled** 속성을 켜고(**14**에서 껐었음),
Part1의 **Anchored** 속성을 **꺼서**(파트 고정 해제) Part1이 회전 가능하도록 만들어줍니다.

```
5    script.Parent.Attachment1 = part1C:WaitForChild("Attachment")
6
7    script.Parent.Enabled = true
8    part1C.Anchored = false
```

25 회전시킬 모델 혹은 파트를 준비합니다.

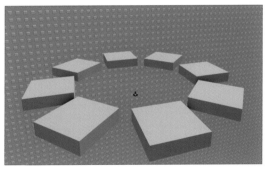

이 모델은 앵커하면 안 됩니다. 앵커한 경우, 그 자리에 고정되어 회전하지 않습니다.

로블록스 스튜디오 TIP!   회전 모델 쉽게 만들기

참고로 다음과 같은 모델은 십자 모양으로 먼저 배치한 후, 파트들을 복제하고 회전 도구로 회전시켜서 쉽게 만들 수 있습니다.

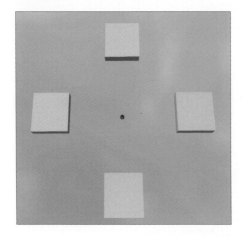 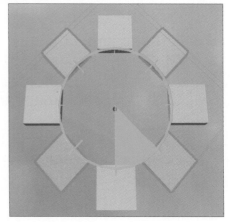

26 **만들기**에서 **용접** 도구를 선택합니다. 두 파트를 물리적으로 연결해주는 도구입니다.

용접 표시 버튼을 활성화해서 용접으로 연결된 파트들을 직선으로 표시할 수 있습니다.

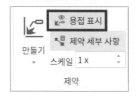

27 용접은 반드시 Part1을 먼저 클릭하고 그 다음에 연결할 파트를 클릭합니다.

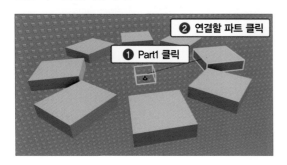

28 나머지 파트들도 똑같이 해줍니다. 그러면 용접으로 연결된 파트들이 직선으로 표시됩니다.

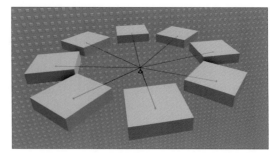

로블록스 스튜디오 TIP! 인접한 파트를 한꺼번에 용접하기

모델이 만약 서로 붙어있다면 한꺼번에 용접할 수 있습니다. 모델을 구성하는 파트를 하나씩 모두 선택한 상태에서 **용접** 버튼을 클릭하면 자동으로 용접해줍니다.

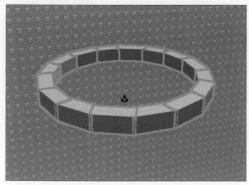
▲ 용접 전

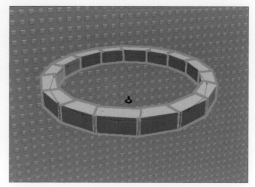
▲ 용접 후, 인접 파트끼리 용접된 모습

그 후 대표로 한 파트만 Part1과 용접하면 됩니다. 이 때도 물론 Part1을 먼저 선택합니다.

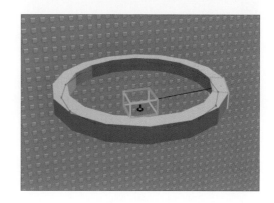

29 Part0, Part1, 그리고 용접된 파트까지 전부 선택합니다. 마우스 드래그로 상자를 그리는 경우 다른 파트가 휘말리지 않게 하늘 쪽을 보면서 선택합니다.

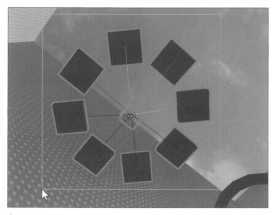

▷ 타워 벽의 경우 타워 만들어보기(p.31)에서 잠금 설정했으므로 같이 선택되지 않아 편합니다.

30 **마우스 우클릭** 후 **모델로 그룹화**를 선택합니다.

31 완성된 모델은 적당한 위치에 배치하거나 복제하면 됩니다. 배치할 땐 다른 파트에 걸리지 않게 주의해주세요.

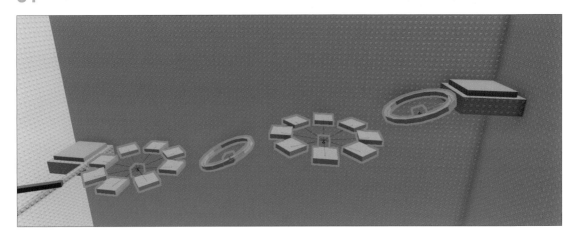

주의

모델이 회전하지 않는다면 앵커되었을 가능성이 높습니다. 회전시킬 모델에는 앵커를 해제하되, Part0과 Part1
의 앵커는 다시 켜주세요. Alt 키를 꾹 눌러서 모델 안 개별 파트만 선택할 수 있습니다.

로블록스 스튜디오 TIP! 도구 상자에서 회전 모델 가져오기

완성된 회전 모델은 도구 상자에도 올려두었습니다. **회
전 모델 0**은 순수 Part0과 Part1이고, **회전 모델 1과 2**는
방금 따라하면서 만든 것들입니다.

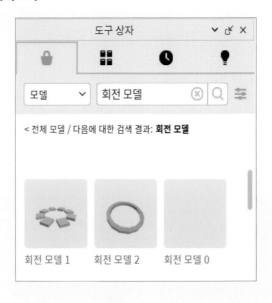

최적화된 앞뒤로 움직이는 파트 만들기

1. 최적화된 회전 파트 만들기의 **2) 밟는 파트**(p.176)와 제작 과정이 비슷합니다. 이 유닛을 진행하고 왔다면 훨씬 수월하게 이번 유닛을 따라올 수 있습니다.

01 적당한 **파트**를 하나 준비합니다. 이때 파트는 **앵커**가 되어있어야 합니다.

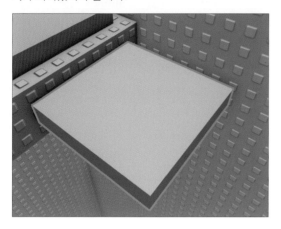

02 **탐색기**에서 **파트** 안에 **Attachment**를 추가합니다.

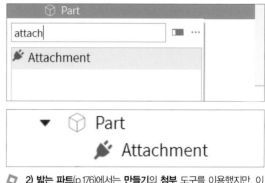

⚡ **2) 밟는 파트**(p.176)에서는 **만들기**의 **첨부** 도구를 이용했지만, 이번에는 직접 넣어주어야 합니다.

03 파트를 복제합니다. **Attachment**가 추가된 파트가 2개로 늘어났습니다.

04 하나는 **Part0**로, 다른 하나는 **Part1**으로 이름을 지어줍니다.

05 Part0에 PrismaticConstraint를 추가합니다.

06 PrismaticConstraint의 **Attachment0** 속성을 Part0의 Attachment로, **Attachment1** 속성을 Part1의 Attachment로 설정합니다.

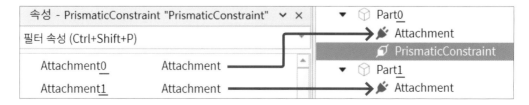

07 Enabled 속성은 **해제**합니다.

속성 - PrismaticConstra..."PrismaticConstraint" ∨ ⌞ ✕

필터 속성 (Ctrl+Shift+P)

Enabled	☐

08 ActuatorType은 Servo로 설정합니다.

속성 - PrismaticConstra..."PrismaticConstraint" ∨ ⌞ ✕

필터 속성 (Ctrl+Shift+P)

▼ **Slider**

ActuatorType	Servo

09 그러면 Servo 관련 새로운 속성들이 나타납니다. 다음과 같이 설정합니다.

▼ **Servo**

LinearResponsiveness	45
ServoMaxForce	9000000
Speed	10
TargetPosition	40

NOTE   Servo 관련 속성 알아보기

- **LinearResponsiveness**: 반응속도를 나타냅니다. 수정하지 않아도 무방합니다.
- **ServoMaxForce**: 이동할 때 가할 수 있는 최대 힘입니다. 파트 이동이 외부 힘에 방해받지 않도록 적당히 큰 숫자를 넣으면 됩니다.
- **Speed**: 이동속도를 나타내며 단위는 초당 스터드입니다. 일반 캐릭터의 이동속도가 16인 점을 감안해서 설정하면 됩니다.
- **TargetPosition**: 목표 지점입니다. 몇 스터드 앞으로 이동할지 설정하면 됩니다.

---

10 PrismaticConstraint를 선택한 채 화면을 보면, 파란색 화살표로 파트가 이동할 방향과 위치를 표시해 줍니다.

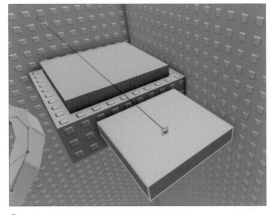

🔌 저는 지금 뒤쪽으로 이동하도록 되어있네요.

11 Part0과 Part1 모두 선택해서 동시에 회전시켜야 합니다.

🔌 탐색기를 통해 선택하거나 마우스 드래그로 선택하는 방법을 추천합니다.

12 두 파트를 회전시켜 화살표가 올바른 방향을 바라보게 했습니다.

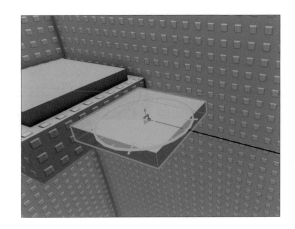

13 PrismaticConstraint 안에 스크립트를 추가합니다.

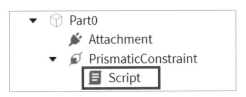

▼ ⬡ Part0
　　🔌 Attachment
　▼ 🔗 PrismaticConstraint
　　　📄 Script

14 **스크립트**의 RunContext 속성을 Client로 변경합니다.

속성 - Script "Script"	∨ ⌕ ×
필터 속성 (Ctrl+Shift+P)	
RunContext	Client

15 스크립트를 작성해보겠습니다. 먼저 아래 박스를 참조하여 스크립트 전반부 내용을 채워주세요.

스크립트 전반부 내용(1~8번째 줄)은 **최적화된 회전 파트**의 **2) 밟는 파트** 18~24번에 다룬 것과 동일합니다. 앞서 설명하였으므로 설명을 생략하겠습니다.

```
1   local part1 = script.Parent.Attachment1.Parent
2   local part1C = part1:Clone()
3   part1:Destroy()
4   part1C.Parent = workspace
5   script.Parent.Attachment1 = part1C:WaitForChild("Attachment")
6
7   script.Parent.Enabled = true
8   part1C.Anchored = false
```

16 **10번째 줄**에서 PrismaticConstraint의 TargetPosition 값을 저장해줍니다.

```
10      local target = script.Parent.TargetPosition
```

◈ TargetPosition은 Servo 관련 설정을 할 때 몇 스터드 이동할지 설정한 목표 지점입니다.

17 한쪽 방향으로 계속 돌기만 하면 되는 회전하는 파트와 달리, 앞뒤로 움직이는 파트는 매번 스크립트에서 방향을 바꿔주어야 합니다. 그래서 무한 반복문 **while**을 사용합니다.

```
10      local target = script.Parent.TargetPosition
11      while true do
12
13      end
```

18 시작 지점에서 목표 지점까지 도착하는 데 걸리는 시간은 이동할 스터드를 이동속도로 나눠서 구할 수 있습니다. 그래서 target 변수값을 Speed 속성으로 나누었고, 그 시간만큼 기다립니다.

```
10    local target = script.Parent.TargetPosition
11    while true do
12        wait(target/script.Parent.Speed)
13    end
```

🔷 시간 = 거리 / 속도

19 시간을 모두 기다렸다면 목표 지점에 파트가 도착했을 겁니다. 그러면 목표 지점을 다시 0, 즉 시작 지점으로 설정해서 파트가 되돌아가도록 합니다.

```
10    local target = script.Parent.TargetPosition
11    while true do
12        wait(target/script.Parent.Speed)
13        script.Parent.TargetPosition = 0
14    end
```

20 되돌아갈 때도 같은 시간이 걸릴 테니 똑같이 적어줍니다.

```
11    while true do
12        wait(target/script.Parent.Speed)
13        script.Parent.TargetPosition = 0
14        wait(target/script.Parent.Speed)
15    end
```

21 그 다음에 다시 처음에 설정했던 목표 지점으로 다시 가게끔 설정하면 됩니다. 그러면 스크립트 완성입니다.

```
10    local target = script.Parent.TargetPosition
11    while true do
12        wait(target/script.Parent.Speed)
13        script.Parent.TargetPosition = 0
14        wait(target/script.Parent.Speed)
15        script.Parent.TargetPosition = target
16    end
```

22 마지막으로 **Part0**을 선택합니다.

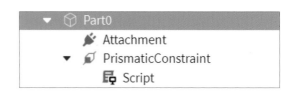

23 Transparency 속성은 **1**로 설정하고 CanCollide 속성은 **해제**해서 움직이는 파트와 부딪히지 않게 합니다. 그러면 움직이는 파트 완성입니다!

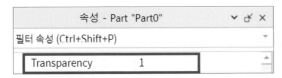 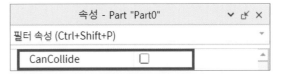

24 편의를 위해 두 파트를 모델로 그룹화해도 좋습니다.

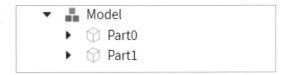

로블록스 스튜디오 TIP! 도구 상자에서 움직이는 파트 가져오기

완성된 움직이는 파트는 도구 상자에도 올려두었습니다. 필요할 때 가져다 쓰면 됩니다.

고수들을 위한 TIP! 용접과 회전을 활용한 고급 TIP

1. 용접을 활용해 여러 파트 혹은 여러 모델을 이동시키기

같이 움직일 다른 파트나 모델이 있다면 **용접**하면 됩니다(**최적화된 회전 파트의 2) 밟는 파트** 26~28번 참조).
반드시 Part1을 먼저 선택한 후에 연결할 파트를 클릭합니다.

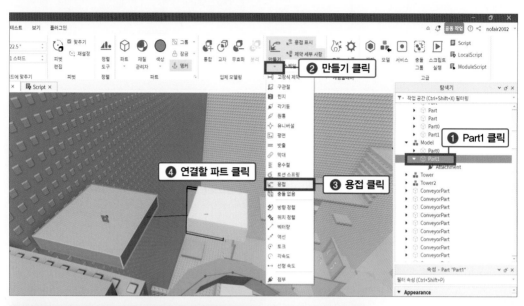

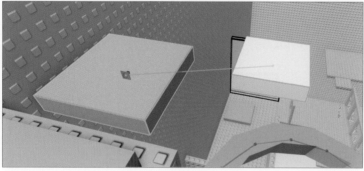

2. 회전을 활용해 모델을 대각선 방향으로 이동시키기

모델 전체를 회전해서 대각선 방향으로 이동시키는 것도 가능합니다.

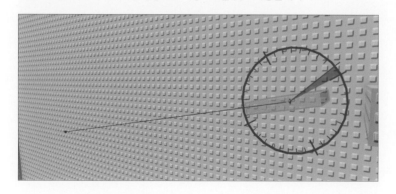

NPC 만들기

캐릭터 동상 추가하기

자신 혹은 친구의 캐릭터 동상을 추가해봅시다.

1) 내 캐릭터 추가하기

01 먼저 동상이 올라설 단을 준비합니다. 저는 **원통** 모양으로 준비했습니다.

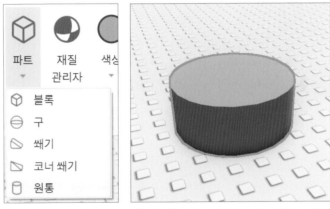

📌 캐릭터의 키가 약 5스터드, 캐릭터의 좌우 폭이 4스터드인 점을 고려해서 적당한 크기로 만들어주세요.

02 상단 메뉴 **아바타**에서 **리그 빌더**를 클릭해주세요.

03 **리그 유형**에서 **R6** 혹은 **R15**를 선택한 후 **내 아바타**를 선택하면 됩니다.

NOTE   R6와 R15 아바타 비교

R6은 파트 6개로 이루어진 캐릭터, R15는 파트 15개로 이루어진 캐릭터입니다.

R15의 경우, 본인의 아바타 설정에 따라 기본 사이즈와 다르게 나타날 수도 있습니다.

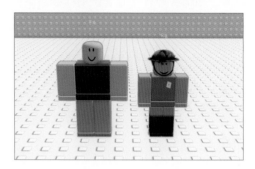

04 불러온 아바타는 준비한 단에 올려둡니다.

로블록스 스튜디오 TIP! 아바타 배치 관련 TIP

1. 아바타 주의로 초록색 구체가 나타난다면?

아바타 수위로 초록색 구체가 나타나는 경우가 있습니다. 그럴 땐 상단 메뉴 **모델**에서 **제약 세부 사항** 버튼을 찾아 **해제**하면 됩니다.

2. 아바타가 단 중앙에 배치되지 않는다면?

아바타가 단 중앙에 제대로 배치되지 않는 경우가 간혹 있습니다. 그럴 때 해결하는 방법이 두 가지 있습니다.

1) 이동 단위를 작게 설정하기

상단 메뉴 **모델**에서 **이동** 단위를 0.5 혹은 0.25로 작게 설정해서 위치 세부 조정이 가능합니다.

2) 단 파트와 캐릭터 모델의 좌표를 통일시키기

단 파트의 Position 속성 중 X값과 Z값을 가져온 다음 **캐릭터 모델**의 Position 속성의 X값과 Z값을 똑같이 입력해주면 됩니다. 그럼 좌표가 통일되면서 자연히 중앙에 서게 됩니다.

▲ 단 파트의 Position 속성

▲ 캐릭터 모델의 Position 속성

05 캐릭터 머리 위에는 **Rig**라는 글자가 나타나 있습니다.

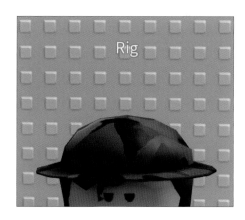

탐색기에서 모델의 이름을 수정해서 다른 글자가 나타나게 한다거나 모델 이름을 공백으로 비워서 머리 위에도 아무런 글자가 뜨지 않게 할 수도 있습니다.

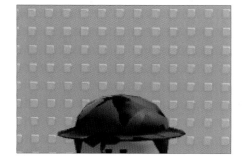

영어뿐만 아니라 한글 표기도 가능합니다

로블록스 스튜디오 TIP!　파트 위에 이름이 나타나게 하기

캐릭터 머리 위에 글자가 나타나는 것처럼, 파트 위에도 이름이 나타나게 할 수 있습니다. 모델 안에 **Head**라는 이름의 파트와 **Humanoid** 개체를 같이 넣으면 파트 위에 모델 이름이 나타납니다.

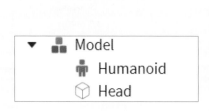

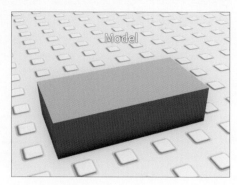

06 **모델** 안의 **Humanoid**를 선택하면 **속성** 창에서 캐릭터 관련 자세한 설정도 가능합니다.

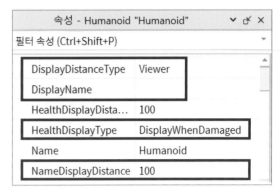

NOTE Humanoid의 속성들의 역할

- **DisplayDistanceType**: 이름 또는 체력바 표시 방식을 설정합니다.
  - **Viewer**: 기본 설정값으로, 타인의 NameDisplayDistance를 기준으로 이름(체력바)의 표시 여부가 결정됩니다.
  - **Subject**: 자신의 NameDisplayDistance를 기준으로 이름(체력바) 표시 여부가 결정됩니다. 이름 표시 거리를 수정할 거라면 Subject로 설정해야 합니다.
  - **None**: 이름과 체력바를 숨깁니다.
- **DisplayName**: 글자를 입력하는 경우, 모델 이름 대신 DisplayName의 내용이 머리 위에 나타납니다. 단, 공백은 입력 불가능합니다.
- **HealthDisplayType**: 체력바 표시 방식입니다.
  - **DisplayWhenDamaged**: 기본 설정값으로, 데미지를 입었을 때 즉 체력이 100%가 아닌 경우에 표시됩니다.
  - **AlwaysOn**: 항상 체력바를 표시합니다.
  - **AlwaysOff**: 어떤 때라도 체력바를 표시하지 않습니다. 캐릭터 동상을 세우는 경우 체력을 보여줄 필요가 없으므로 AlwaysOff로 설정하는 것이 좋습니다.
- **NameDisplayDistance**: 머리 위에 나타난 이름이 보이는 거리입니다. 스터드 단위이며, 이것보다 거리가 멀면 이름이 보이지 않게 됩니다. 이 속성값을 수정한다면 **DisplayDistanceType** 속성은 **Subject**로 설정해야 합니다.

2) 다른 사람의 캐릭터 추가하기

다음 소개할 것은 내가 다른 사람의 캐릭터를 추가하는 방법입니다. 이런 방법도 있다는 정도로만 참고하셔도 좋습니다.

주의

이 방법은 로블록스 스튜디오 기본 기능이 아닌 외부 플러그인을 이용하는 것이라, 여러분이 시도할 때는 책과 달리 작동하지 않거나 작동 방식이 다를 수도 있습니다. 안정적으로 다른 사람의 캐릭터를 추가하고 싶다면, 내가 직접 다른 사람의 캐릭터를 추가하기보단 그 사람이 본인의 캐릭터를 직접 추가해달라고 요청하는 편이 좋습니다.

01 **도구 상자**에서 **플러그인** 카테고리로 이동합니다.

02 이 책에서 소개할 플러그인은 두 가지로, **Load Character** 플러그인과 **Moon Animator** 플러그인입니다. 플러그인 설치부터 캐릭터 추가 방법까지 하나씩 알아보겠습니다.

▷ 둘 중 하나만 골라서 써도 좋고 둘 다 사용해도 됩니다.

03 먼저 **Load Character** 플러그인부터 보겠습니다. 이 플러그인은 순전히 캐릭터 추가 기능만을 제공하며, 100 로벅스 유료판과 무료판(Lite)이 있습니다(이 책에서는 무료판을 사용하였습니다).

도구 상자의 **플러그인 카테고리**에서 **load character**를 검색합니다. 그 다음 해당 플러그인을 선택하고 **설치** 버튼을 눌러 플러그인을 설치합니다.

04 상단 메뉴 **플러그인**으로 이동하면 설치한 플러그인이 나타납니다.

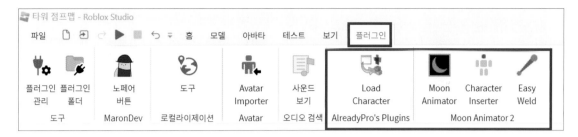

로블록스 스튜디오 TIP! 설치한 플러그인 관리 방법

설치한 플러그인은 **플러그인 관리**에서 삭제하거나 숨길 수 있습니다.

05 LoadCharacter 플러그인을 실행하면 다음 창이 나타납니다. 하얀색 상자에 원하는 유저의 이름을 입력하고 **Spawn R6** 또는 **Spawn R15** 버튼을 누르면 됩니다.

참고로 유저 이름은 프로필의 @ 옆에 표시된 이름을 입력해야 합니다.

기본적으로는 카메라 앞에 생성되지만 **Spawn at Origin**을 체크하는 경우에는 캐릭터가 0, 0, 0 좌표에 생성됩니다.

로블록스 스튜디오 TIP! 추가한 캐릭터가 잘 선택되지 않는다면?

LoadCharacter 플러그인으로 추가된 캐릭터는 선택이 잘 되지 않을 수 있습니다. 그럴 때는 잠금 도구를 이용해서 잠금을 풀어주세요.

06 이번에는 **Moon Animator** 플러그인을 보겠습니다. **도구 상자**의 **플러그인** 카테고리에서 **Moon Animator** 플러그인을 찾아 선택한 후 **설치** 버튼을 클릭합니다.

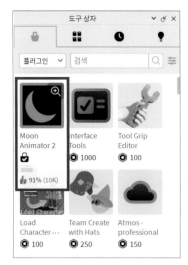

07 **Moon Animator** 플러그인이 설치되었으면 상단 메뉴 **플러그인**에서 **Character Inserter** 버튼을 누릅니다.

🔸 이 플러그인은 본래 애니메이션 제작을 목적으로 쓰이지만, 캐릭터 추가 기능도 있습니다. 우리가 사용하려는 캐릭터 추가 기능은 Character Inserter로 실행할 수 있습니다.

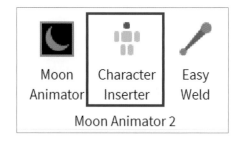

08 **Moon Animator** 플러그인을 처음 실행하면 다음 창이 나타납니다. **Accept and Activate** 버튼을 눌러야 플러그인 기능을 쓸 수 있습니다.

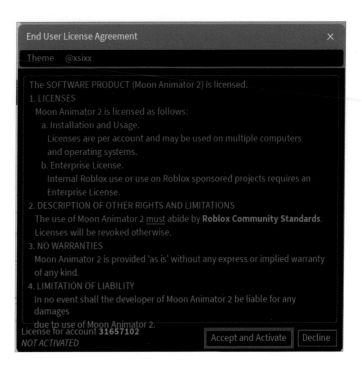

09 숫자가 적힌 부분에 추가할 **유저의 이름 혹은 숫자 아이디**를 입력하고, 원하는 **리그 종류**를 고른 후 **Insert** 버튼을 누르면 됩니다.

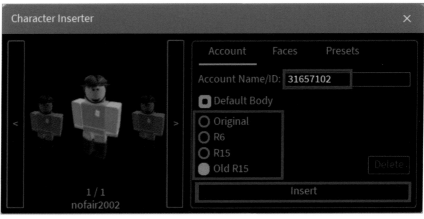

◪ 한 번 추가한 유저들은 왼쪽 창에 저장되어 편리하게 다시 불러올 수 있습니다.

10 **Moon Animator**로 생성된 캐릭터는 머리 위에 이름이 뜨지 않게 설정되어 있습니다.

◪ Humanoid.DisplayDistanceType 속성이 None으로 되어있기 때문입니다.

주의　동상으로 세울 캐릭터는 반드시 앵커로 고정해주세요

플러그인을 이용했든 아니든 추가한 캐릭터를 동상으로 만들 경우에는 반드시 **앵커**로 고정시켜주세요. 캐릭터는 자동으로 고정되지 않기 때문에 플레이어들이 동상을 몸으로 밀어낼 수 있습니다.

② 캐릭터 동상 애니메이션 추가하기

앞서 추가한 캐릭터 동상에 애니메이션을 추가해보겠습니다.

1) 애니메이션 제작하기

애니메이션은 도구 상자를 통한 공유가 불가능하므로 다음을 따라서 직접 만들어보길 바랍니다.

01   애니메이션을 추가할 캐릭터 동상은 캐릭터의 중심 파트만 고
정해야 합니다. 그러므로 캐릭터 동상에 앵커가 적용되어있다면 앵
커를 해제합니다.

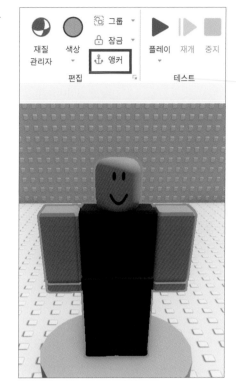

🔲 가만히 서있기만 하는 캐릭터 동상이라면 반드시 모든 파트가 고정되어야 하지
만, 애니메이션을 추가할 캐릭터 동상은 움직이려면 앵커를 풀어줘야 합니다.

02   캐릭터의 중심 파트를 찾아봅시다. 모델 안을 살펴보면 **HumanoidRootPart**가 있습니다.

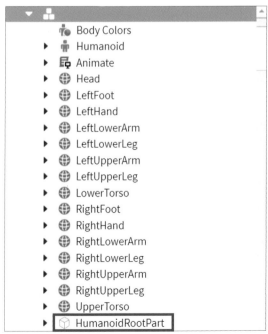

▲ R15 아바타의 경우

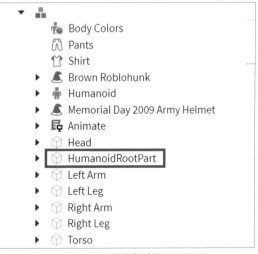

▲ R6 아바타의 경우

03 HumanoidRootPart만 Anchored(앵커)를 켜주세요.

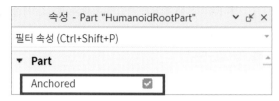

04 상단 메뉴 **아바타**에서 **애니메이션 편집기**를 선택합니다.

05 편집할 캐릭터 모델을 선택합니다.

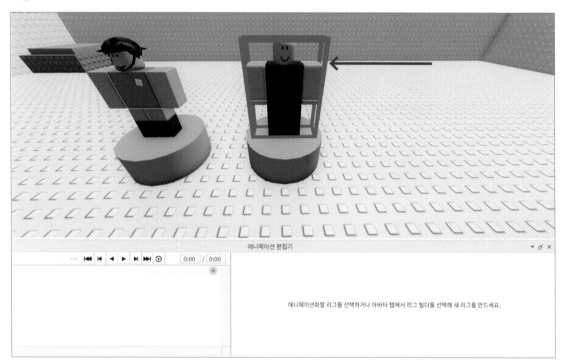

06 애니메이션 이름을 지어줍니다. 애니메이션 저장 파일에만 쓸 이름이므로 가볍게 정하면 됩니다.

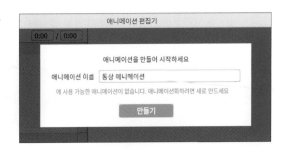

07 **이동, 회전** 도구를 이용해 캐릭터의 동작을 자유롭게 만들어주세요.

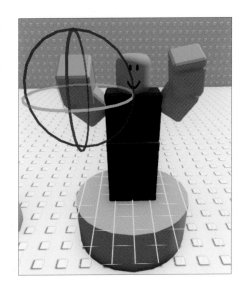

08 그럼 아래쪽 창에 애니메이션에 쓰이는 부위 목록과 해당 동작의 타임라인 위치를 보여줍니다.

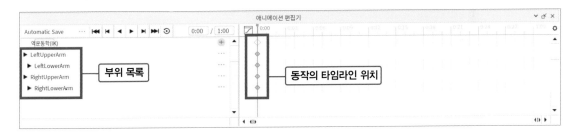

09 마우스 클릭으로 시간 표시기(파란색 막대기)를 이동시킬 수 있습니다.

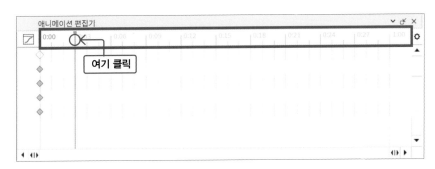

10 시간 표시기를 움직인 후 다음 동작을 편집하면, 표시기 위치에 해당 동작이 기록됩니다.

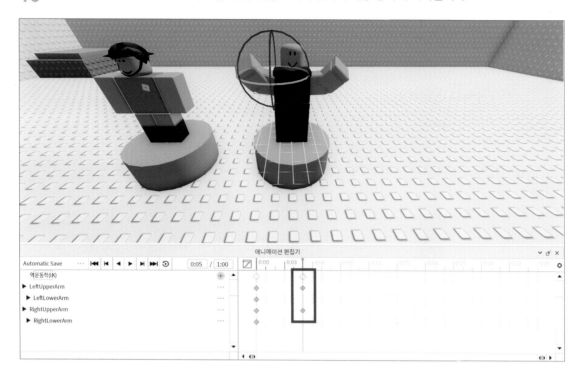

NOTE 키프레임

타임라인에 표시되는 마름모 모양의 아이콘은 동작의 핵심이 되는 지점을 표시한 것으로, 키프레임(KeyFrame)이라고 부릅니다. 여러 그림을 이어서 한 편의 애니메이션을 만드는 것처럼, 키프레임을 여러 개 이어서 하나의 애니메이션을 만드는 겁니다. 키프레임과 키프레임 사이의 동작은 자동으로 채워집니다.

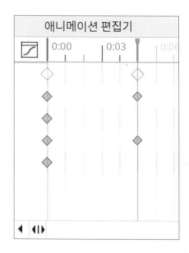

11 타임라인에 보이는 키프레임을 편집할 수도 있습니다. 편집하고자 하는 키프레임에 마우스 우클릭을 하면 다음과 같이 복사/삭제 등이 가능합니다.

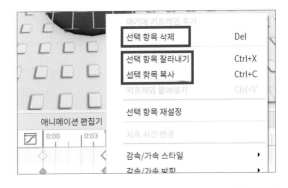

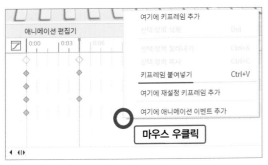

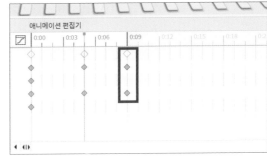

▲ 우리가 흔히 사용하는 복붙 단축키(Ctrl+C와 Ctrl+V)로도 키프레임을 복사/붙여넣기 할 수 있습니다

12 애니메이션 편집기 왼쪽 창 상단을 보면 시간:프레임 단위가 표시된 곳이 있습니다. 여기서 애니메이션의 총 길이를 변경할 수 있습니다(최소 길이는 1:00입니다).

▱ 예를 들어 1:15로 설정한다면 1초 +15프레임이라는 뜻입니다. 1초가 30프레임이므로 1:15는 1.5초가 됩니다.

13 동상 애니메이션은 같은 동작이 지속적으로 재생되어야 합니다. 따라서 **애니메이션 반복 토글** 버튼을 클릭해서 반복 재생을 활성화합니다.

14 재생 버튼으로 지금까지 만든 애니메이션을 재생해볼 수 있습니다.

15 애니메이션을 완성했으면 **점 3개 아이콘**을 클릭해주세요.

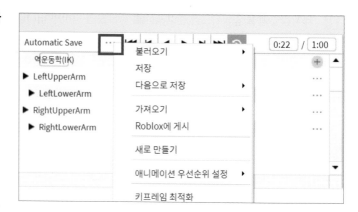

16 애니메이션 우선순위를 **동작**으로 설정해줍니다.

♬ 애니메이션이 동시에 여러 개 재생되면, 우선순위가 높은 것이 우선적으로 나타납니다. 로블록스 기본 애니메이션이나 아이템을 들고 있는 애니메이션 등에 묻히지 않게 하려면 우선순위를 바꿔주어야 합니다.

17 애니메이션 우선순위 설정을 마쳤으면 **로블록스에 게시**합니다.

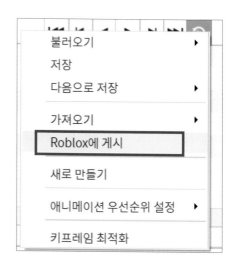

18 게시할 이름을 입력하고 파란색의 **제출** 버튼을 클릭하면 됩니다.

19 게시한 애니메이션은 **도구 상자**의 **인벤토리 → 내 애니메이션** 카테고리에서 확인할 수 있습니다.

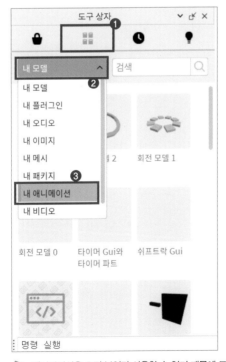 

◇ 애니메이션은 오직 본인만 사용할 수 있기 때문에 도구 상자를 통한 공유가 불가능합니다.

로블록스 스튜디오 TIP! 애니메이션을 다른 사람에게 공유하고 싶다면?

애니메이션의 제한적인 공유는 가능합니다. 애니메이션 편집기를 한 번이라도 이용한 모델은 안에 **AnimSaves**라는 폴더가 생성되는데, 여기 저장된 애니메이션 키프레임 시퀀스를 공유하면 됩니다.

다른 사람이 그것을 받아서 자신의 AnimSaves 폴더에 넣으면, 애니메이션 편집기에서 불러올 수 있습니다. 그것을 본인의 이름으로 로블록스에 게시하여 사용하면 됩니다.

2) 애니메이션 재생하기

01   캐릭터 모델을 열어보면 **Humanoid**가 있고, **Humanoid**를 열어보면 **Animator** 개체가 있습니다.

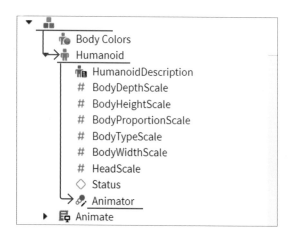

02   **Animator** 개체 안에 **스크립트**를 추가합니다.

03 **스크립트** 안에 **Animation** 개체를 추가합니다.

04 **Animation** 개체 속성 중에 **AnimationId**가 있습니다. 앞서 만든 애니메이션의 ID를 찾아보겠습니다.

05 도구 상자에서 찾아냈던 애니메이션 아이콘의 오른쪽 위 돋보기 버튼을 누릅니다.

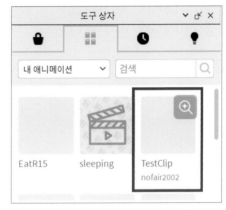

◇ 내 애니메이션 찾는 방법: 도구 상자 → 인벤토리 → 내 애니메이션(1) 애니메이션 제작하기의 **19**를 참조)

06 점 3개 아이콘을 클릭하고 **애셋 ID 복사**를 선택합니다.

07 복사한 ID를 **AnimationId** 속성에 붙여넣습니다. 그러면 자동으로 rbxassetid://라는 글자가 붙어 입력됩니다.

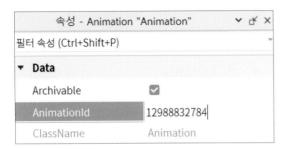 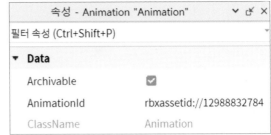

08 스크립트를 작성하겠습니다. 먼저 **Animator**와 **Animation**을 각각 찾습니다.

```
1  local Animator = script.Parent
2  local Animation = script.Animation
```

◆ 모두 대문자 A로 시작합니다.

09 **AnimationTrack**이라는 변수를 선언합니다.

```
1  local Animator = script.Parent
2  local Animation = script.Animation
3
4  local AnimationTrack =
```

10 **Animator**에 **:LoadAnimation( )** 함수를 불러, 애니메이션을 불러와줄 겁니다.

```
4  local AnimationTrack = Animator:LoadAnimation()
```

11 괄호에는 **Animation** 개체를 넣습니다. 그러면 애니메이션이 AnimationTrack 변수에 불러와집니다.

```
4  local AnimationTrack = Animator:LoadAnimation(Animation)
```

12 **AnimationTrack** 변수에 **Play( )** 함수로 불러온 애니메이션을 재생합니다.

```
4  local AnimationTrack = Animator:LoadAnimation(Animation)
5  AnimationTrack:Play()
```

13 완성된 애니메이션 재생 스크립트입니다.

```
1    local Animator = script.Parent
2    local Animation = script.Animation
3
4    local AnimationTrack = Animator:LoadAnimation(Animation)
5    AnimationTrack:Play()
```

로블록스 스튜디오 TIP! 같은 아바타끼리 애니메이션을 공유할 수 있어요

제작한 애니메이션은 다른 캐릭터 모델에
서도 사용 가능합니다.

단, R15와 R6의 애니메이션은 호환되지 않습
니다. R15 캐릭터에서 만든 애니메이션은 R6
캐릭터에서 재생할 수 없으며 그 반대도 불가
능합니다. 전용 애니메이션을 각각 만들어주
어야 합니다.

3) 로블록스 기본 애니메이션 재생하기

로블록스에 기본적으로 있는 웃기, 손 흔들기, 가리키기, 춤추기, 환호하기, 걷기 등의 애니메이션은 누구나 쓸 수 있습니다. 기본 애니메이션을 움직이는 동상에 적용하여 재생해보겠습니다.

▲ 손 흔들기

▲ 가리키기

▲ 춤추기

▲ 웃기

▲ 환호

01 이전 유닛에서 리그 빌더 기능으로 추가한 캐릭터는 안에 **Animate 스크립트**가 있습니다.

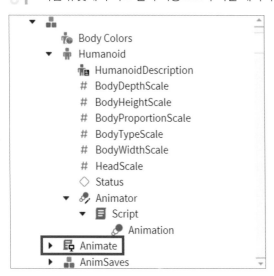

플러그인으로 추가한 경우, 상단 메뉴 **아바타**에서 **리그 빌더**로 들어가서 같은 유형의 리그(R6/R15)를 새로 하나 생성한 후 Animate 스크립트를 찾아주세요.

리그
빌더
리그

02 **Animate 스크립트**를 열어서 내려보면, 여러 애니메이션들이 저장되어있습니다. 예를 들어 idle은 가만히 있을 때 애니메이션, climb는 오르는 애니메이션입니다.

```
38   local animNames = {
39       idle = {
40           { id = "http://www.roblox.com/asset/?id=507766666", weight = 1 },
41           { id = "http://www.roblox.com/asset/?id=507766951", weight = 1 },
42           { id = "http://www.roblox.com/asset/?id=507766388", weight = 9 }
43       },
44       walk = {
45           { id = "http://www.roblox.com/asset/?id=507777826", weight = 10 }
46       },
47       run = {
48           { id = "http://www.roblox.com/asset/?id=507767714", weight = 10 }
49       },
50       swim = {
51           { id = "http://www.roblox.com/asset/?id=507784897", weight = 10 }
52       },
53       swimidle = {
54           { id = "http://www.roblox.com/asset/?id=507785072", weight = 10 }
55       },
56       jump = {
57           { id = "http://www.roblox.com/asset/?id=507765000", weight = 10 }
58       },
59       fall = {
60           { id = "http://www.roblox.com/asset/?id=507767968", weight = 10 }
61       },
62       climb = {
63           { id = "http://www.roblox.com/asset/?id=507765644", weight = 10 }
```

03 손을 흔드는 wave, 앞을 가리키는 point, 웃는 laugh, 환호하는 cheer 등도 있습니다. 원하는 애니메이션의 아이디(숫자 부분)를 복사하면 됩니다.

```
77       wave = {
78           { id = "http://www.roblox.com/asset/?id=507770239", weight = 10 }
79       },
80       point = {
81           { id = "http://www.roblox.com/asset/?id=507770453", weight = 10 }
82       },
83       dance = {
84           { id = "http://www.roblox.com/asset/?id=507771019", weight = 10 }
85           { id = "http://www.roblox.com/asset/?id=507771955", weight = 10 }
86           { id = "http://www.roblox.com/asset/?id=507772104", weight = 10 }
87       },
88       dance2 = {
89           { id = "http://www.roblox.com/asset/?id=507776043", weight = 10 }
90           { id = "http://www.roblox.com/asset/?id=507776720", weight = 10 }
91           { id = "http://www.roblox.com/asset/?id=507776879", weight = 10 }
92       },
93       dance3 = {
94           { id = "http://www.roblox.com/asset/?id=507777268", weight = 10 }
95           { id = "http://www.roblox.com/asset/?id=507777451", weight = 10 }
96           { id = "http://www.roblox.com/asset/?id=507777623", weight = 10 }
97       },
98       laugh = {
99           { id = "http://www.roblox.com/asset/?id=507770818", weight = 10 }
100      },
101      cheer = {
102          { id = "http://www.roblox.com/asset/?id=507770677", weight = 10 }
```

04 복사한 아이디는 앞서 했던 것처럼 **Animation**의 AnimationId 속성에 입력하면 됩니다.

05 다만 로블록스 기본 애니메이션 중 일부(R6: wave, point, laugh, cheer / R15: cheer 등)는 반복이 비활성화되어 있습니다. 그래서 스크립트에서 반복 기능을 추가해야 합니다.

```
4    local AnimationTrack = Animator:LoadAnimation(Animation)
5    AnimationTrack:Play()
6
7    while true do
8
9    end
```

06 반복문 안에 **AnimationTrack:Play( )** 부분을 넣으면 됩니다.

```
4    local AnimationTrack = Animator:LoadAnimation(Animation)
5
6
7    while true do
8        AnimationTrack:Play()
9    end
```

07 몇 초에 한 번씩 플레이할지 **task. wait( )** 함수에 숫자를 넣어 기다리게 해 줍니다.

```
 7  while true do
 8      AnimationTrack:Play()
 9      task.wait(5)
10  end
```

08 만약 반복이 활성화된 애니메이션이라도 Stop() 함수로 중간에 멈췄다가, 몇 초 후에 다시 처음부터 재생할 수도 있습니다.

```
 7  while true do
 8      AnimationTrack:Play()
 9      task.wait(2)
10      AnimationTrack:Stop()
11      task.wait(5)
12  end
```

09 움직이는 동상이 완성되었습니다.

로블록스 스튜디오 TIP! **애니메이션이 재생되지 않는다면?**

애니메이션이 재생되지 않는다면 아바타가 R6이나 R15가 맞는지, 캐릭터가 앵커되어있지는 않은지, 스크립트 오류는 없는지(출력 창) 확인해보세요.

대화 말풍선 넣기

머리 위에 이름이 나타나는 기능을 활용해서 NPC가 말하게 할 수 있습니다 (p.191의 1) 내 캐릭터 추가하기 참조). 하지만 NPC가 일방적으로 대사를 내뱉는 것보다는 플레이어가 말을 건넸을 때 NPC가 답한다면 좀 더 생동감 있고 자연스럽게 느껴질 겁니다. 그래서 이번 유닛에서는 플레이어가 NPC에게 직접 말을 걸 수 있도록 대화 말풍선을 넣어보겠습니다.

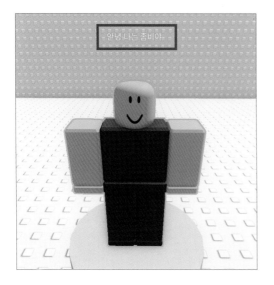

01 캐릭터 모델 안 **Head**에 **Dialog** 개체를 추가합니다.

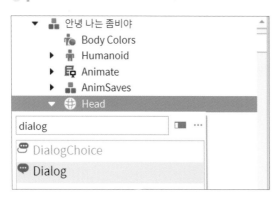

02 **Dialog** 개체를 찾아 선택합니다.

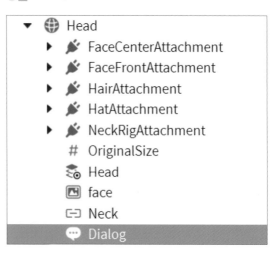

03 **Dialog**의 **속성** 창에서는 여러 가지 설정이 가능합니다

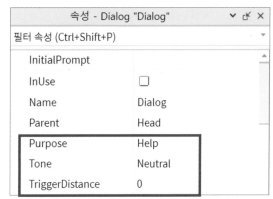

NOTE **Dialog의 속성들의 역할**

- **BehaviorType**: 한 번에 대화 가능한 인원을 설정합니다. 개인적으로는 MultiplePlayers를 추천합니다.
  - **SinglePlayer**: 한 번에 한 사람만 NPC에게 말을 걸 수 있습니다. 누가 이미 대화 중이면 다른 사람은 말을 걸 수 없게 됩니다.
  - **MultiplePlayers**: 다른 사람과 상관없이 언제든 말을 걸 수 있습니다.
- **ConversationDistance**: 대화 가능한 거리를 설정합니다. 단위는 스터드이며, 설정한 거리 밖으로 이동하면 말을 걸 수 없고 진행 중이던 대화는 강제로 중단됩니다.
- **Purpose**: 말풍선 아이콘을 설정합니다.
- **Tone**: 말풍선 색깔을 설정해줍니다.
- **TriggerDistance**: 설정된 거리 이내로 누가 들어오면 자동으로 말이 걸어집니다.

Purpose의 다양한 항목들

▲ Help

▲ Quest

▲ Shop

Tone의 다양한 항목들

▲ Enemy

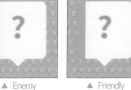
▲ Friendly

▲ Neutral

04 이제 **InitialPrompt**에 대사를 입력합니다.

◆ 문장이 너무 길면 대사가 도중에 잘릴 수 있으니 주의해주세요.

05 NPC의 대사에 대한 플레이어의 대답을 만들어보겠습니다. **Dialog** 개체 안에 **DialogChoice**라는 개체를 추가합니다.

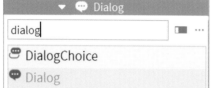

06 **UserDialog** 속성에 플레이어가 할 대사를, **ResponseDialog** 속성에 그에 대한 대답을 넣습니다.

07 그러면 플레이어가 말을 걸었을 때 **UserDialog**에 적은 문장이 왼쪽 아래 화면에 나타나고, 해당 대사를 선택하면 **ResponseDialog**에 적은 대답이 돌아옵니다.

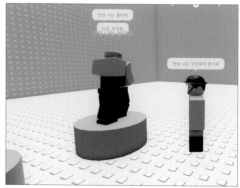

08 **DialogChoice**는 4개까지 넣을 수 있고, DialogChoice에 적은 문장 역시 왼쪽 아래 화면에 나타납니다.

 선택지 창 마지막에 보이는 Goodbye!는 DialogChoice로 만드는 게 아니라 Dialog의 속성을 설정하여 활성화하는 선택지입니다.

09 선택지 순서를 원하는 대로 바꾸고 싶다면 **DialogChoice**들의 이름을 번호로 바꾸면 됩니다.

10 마지막 선택지인 **Goodbye!**는 대화를 취소하기 위한 것으로, **Dialog** 개체 속성에서 설정할 수 있습니다.

탐색기에서 **Dialog**를 선택하고 **GoodbyeChoiceActive** 속성을 끄면 **Goodbye!** 선택지가 사라집니다.

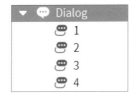

11 Goodbye! 대신 다른 대사가 나오게 하고 싶으면 **GoodbyeDialog**에 다른 대사를 쓰면 됩니다.

12 이 밖에도 선택지를 여러 번 고르게 하는 방식으로 대화가 계속 이어지게 할 수도 있습니다. **DialogChoice** 안에 또 **DialogChoice**를 넣어주면 됩니다.

13 12와 같이 선택지 안에 선택지를 넣은 경우에는 **GoodbyeChoiceActive** 속성과 **GoodbyeDialog** 속성을 따로 설정할 수 있습니다.

수익 창출

 ## 게임패스 구매 버튼 만들기

게임패스는 게임 내에서 로벅스로 구매할 수 있는 제품으로, 플레이어에게 특별한 기능이나 아이템을 제공하는 목적으로 사용됩니다. 플레이어당 한 번만 구매할 수 있고, 구매한 게임패스는 해당 게임 내에서 영구적으로 사용할 수 있습니다.

1) 게임패스 만들기

저는 점프력을 강화하는 아이템을 주는 '중력 코일' 게임패스를 판매할 겁니다. 먼저 게임패스부터 만들어보겠습니다.

01   점프력 강화를 연상케 하는 게임패스 이미지를 준비합니다. 모양은 정사각형이어야 하며, 크기는 512*512 픽셀(px)이 바람직합니다.

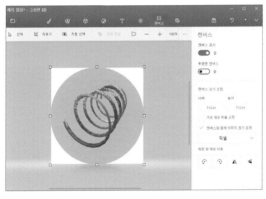

📌 업로드했을 때 원 바깥 부분은 잘리는 점 주의해주세요. 그리고 이미지 파일 형식은 .png, .jpg, .bmp 3가지 중 하나만 가능합니다.

02   로블록스 스튜디오 메인 화면에서 **내 게임**을 찾고, **점 3개 아이콘**을 클릭한 후 **게임 구성**으로 들어갑니다.

 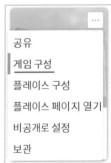

03 화면 왼쪽에서 **관련 아이템** 메뉴로 이동합니다.

04 **패스** 탭을 선택하고 **패스 만들기** 버튼을 클릭합니다.

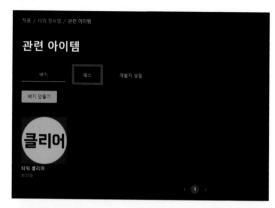

05 준비한 이미지를 업로드하고 **이름**과 **설명**을 적은 후 **패스 만들기** 버튼을 클릭합니다.

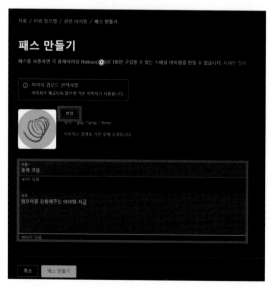

06 목록에 게임패스가 추가되었습니다.

업로드한 이미지가 적절한지 부적절한지 확인하는 절차가 있어 이미지가 표시되기까지 몇 분 정도 걸립니다.

07 게임패스 아이콘 오른쪽 위의 **점 3개 아이콘**을 누릅니다. **애셋 ID 복사**를 클릭한 후 복사된 ID를 메모장 등에 적어둡니다.

08 게임패스 아이콘을 다시 클릭하고 왼쪽의 **판매** 탭으로 이동합니다.

09 **판매**를 **활성화**하고 로벅스(Robux) 가격을 정합니다. 그 후 **저장** 버튼을 누릅니다.

2) 구매 버튼 만들기

버튼 제작 과정은 4. **모바일 쉬프트락 넣기의 01~05번**(p.142)에서 했던 것과 비슷하니 한번 참고해보셔도 좋습니다.

01 로블록스 스튜디오로 돌아와서 StarterGui 안에 ScreenGui를 추가합니다.

02 ScreenGui의 이름을 Gamepass로 수정하고 그 안에 ImageButton을 추가합니다.

03 ImageButton의 속성을 설정합니다.

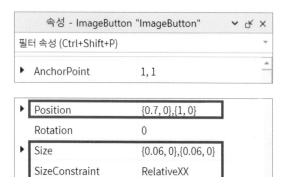

- **AnchorPoint**: 1,1
  (오른쪽 아래 꼭짓점이 기준점)
- **Position**: {0.7, 0}, {1, 0}
- **Size**: {0.06, 0}, {0.06, 0}
- **SizeConstraint**: Relative XX
  (작은 정사각형 모양)

04 화면에는 다음과 같이 나타납니다. 쉬프트락을 만들어둔 상태라면 옆에 나란히 보일 겁니다.

05 Image 속성에서 버튼 이미지를 추가합니다.

게임패스를 만들고 복사한 애셋 ID를 URL에 붙여 넣습니다.

06 게임패스를 만들 때 사용한 이미지를 그대로 가져와서 업로드하면 아래와 같은 모습이 나옵니다.

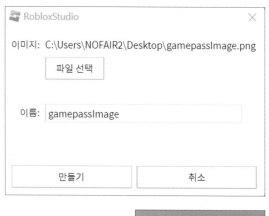

로블록스 스튜디오 TIP! 이미지 자체에 있는 하얀 배경 지우기

이미지 업로드는 잘 되었지만 원 바깥의 하얀색 테
두리가 거슬릴 겁니다. 하얀 배경을 투명하게
(BackgroundTransparency를 1로 설정) 하면 지워질
것 같지만, 이건 이미지 자체에 하얀색 배경이 있는
것이라서 그렇게 설정해도 배경이 사라지지 않습니다.

그 대신 이미지의 모서리를 둥글게 해서 배경을 깎아낼 수는 있습니다. **ImageButton**에 UICorner 개체를 추가하고,
UICorner의 **CornerRadius** 속성을 적당히 큰 숫자로 설정해줍니다.

 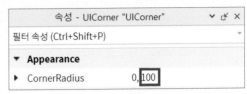

◇ UICorner는 꼭짓점을 둥글게 만들어주는 개체입니다.

그러면 꼭짓점이 부드럽게 깎이면서 버튼 모양이 둥글게 변합니다.

07 다음으로 ImageButton 안에 **로컬 스크립트**를 추가합니다.

08 MarketplaceService를 game:GetService 함수를 이용해 불러옵니다.

```
1    local MarketplaceService =
```

```
1    local MarketplaceService = game:GetService("MarketplaceService")
```

◇ MarketplaceService는 제품 판매를 관리하는 서비스입니다.

09 Players 개체를 구해줍니다.

```
1   local MarketplaceService = game:GetService("MarketplaceService")
2   local Players = game.Players
```

10 로컬 스크립트는 **Players.LocalPlayer**를 통해 플레이어 자신을 구할 수 있습니다.

```
1   local MarketplaceService = game:GetService("MarketplaceService")
2   local Players = game.Players
3   local LocalPlayer = Players.LocalPlayer
```

11 버튼의 **Activated** 이벤트를 찾습니다.

```
1   local MarketplaceService = game:GetService("MarketplaceService")
2   local Players = game.Players
3   local LocalPlayer = Players.LocalPlayer
4
5   script.Parent.Activated
```

Activated는 버튼을 눌렀을 때 트리거되는 이벤트입니다.

12 **Activated** 이벤트를 **함수와 연결**합니다.

```
1   local MarketplaceService = game:GetService("MarketplaceService")
2   local Players = game.Players
3   local LocalPlayer = Players.LocalPlayer
4
5   script.Parent.Activated:Connect(function()
6
7   end)
```

13 1번째 줄에서 구한 **MarketplaceService**에서 **PromptGamepassPurchase** 함수를 호출합니다.

```
5   ▸ script.Parent.Activated:Connect(function()
6       MarketplaceService:PromptGamePassPurchase()
7   end)
```

🔹 Prompt, GamePass, Purchase 3개의 단어를 합치면 됩니다. 게임패스를 구매하게 하는 함수입니다.

14 괄호에는 **LocalPlayer**와, 앞서 **1) 게임패스 만들기의 7번**에서 복사한 게임패스의 애셋 ID를 넣습니다.

```
5   ▸ script.Parent.Activated:Connect(function()
6       MarketplaceService:PromptGamePassPurchase(LocalPlayer, 201075007)
7   end)
```

15 완성된 구매 버튼 스크립트입니다. 버튼을 눌렀을 때(Activated) 플레이어 본인(LocalPlayer)이 게임패스를 구매하게(PromptGamepassPurchase) 하는 내용입니다.

```
1   local MarketplaceService = game:GetService("MarketplaceService")
2   local Players = game.Players
3   local LocalPlayer = Players.LocalPlayer
4
5   ▸ script.Parent.Activated:Connect(function()
6       MarketplaceService:PromptGamePassPurchase(LocalPlayer, 201075007)
7   end)
```

16 **테스트**를 실행하고 구매 버튼을 눌러보면 다음과 같은 창이 나타날 겁니다.

🔹 게임 주인은 자동으로 게임패스를 보유하게 되어있습니다.

이렇게 게임패스를 추가하고 구매 버튼까지 만들어보았습니다. 게임패스 효과는 다음 유닛에서 이어서 진행하겠습니다.

② 아이템 지급 게임패스 구현하기

지난 유닛에서 만든 게임패스를 구매/소유하면 아이템을 주도록 스크립트를 써봅시다.

1) 게임패스를 구매했을 때 아이템 지급

01 ServerScriptService에 **스크립트**를 추가합니다.

02 MarketplaceService를 불러옵니다.

```
1   local MarketplaceService = game:GetService("MarketplaceService")
```

▱ 2) 구매 버튼 만들기의 **08번**(p.225)과 같은 방법으로 불러옵니다.

03 MarketplaceService의 PromptGamePassPurchaseFinished 이벤트를 찾습니다.

```
3      MarketplaceService.PromptGamePassPurchaseFinished
```

▱ 이 이벤트는 어떤 사람이 게임패스를 구매했을 때 트리거됩니다.

로블록스 스튜디오 TIP!   자동 완성으로 빠르고 편하게 작성하기

이번처럼 사용할 이벤트나 함수 이름이 긴 경우가 종종 있습니다. 긴 이름을 일일히 적다 보면 시간도 걸리고 오타가 나기도 쉽습니다. 이럴 땐 자동 완성을 이용해 빠르게 편하게 작성해보세요.

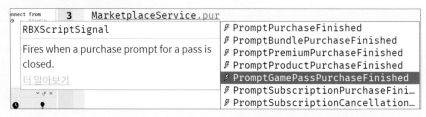

▱ 입력하다 보면 이처럼 자동 완성창이 활성화됩니다. 여기서 사용할 이름을 선택하면 자동으로 완성됩니다

04 PromptGamePassPurchaseFinished 이벤트를 **함수와 연결**합니다.

```
3    · MarketplaceService.PromptGamePassPurchaseFinished:Connect(function()
4
5    end)
```

05 함수의 인자로써 다음 3가지 값이 전달됩니다.

```
eFinished:Connect(function(player, gamepassID, success)
```

- **player**: 게임패스를 구매한 플레이어
- **gamepassID**: 구매한 게임패스의 애셋 ID
- **success**: 구매를 성공했는지 여부 (네트워크 문제 혹은 구매 취소 등으로 구매를 실패할 수도 있음)

06 조건문으로 구매 성공 여부와 게임패스 ID를 확인할 겁니다.

```
3    · MarketplaceService.PromptGamePassPurchaseFinished:Conne
4    ·     if success and gamepassID then
5
6          end
7    end)
```

07 성공 여부가 true일 때(구매 성공), 그리고 게임패스 ID가 이전 유닛에서 만든 게임패스의 애셋 ID와 동일할 때만 아이템을 지급합니다.

```
3    · MarketplaceService.PromptGamePassPurchaseFinished:Conne
4    ·     if success == true and gamepassID == 201075007 then
5
6          end
7    end)
```

08 이제 조건문 안에 아이템 지급과 관련된 코드를 쓰면 됩니다. 다만 그 전에 해야 할 작업이 하나 있습니다. 바로 지급할 아이템을 서버에 추가하는 것입니다. 다음으로 넘어가서 그 방법을 알아봅시다.

09 지급할 아이템을 **도구 상자**에서 찾아 게임에 추가해주세요.

10 추가된 아이템을 **ServerStorage** 안으로 옮깁니다.

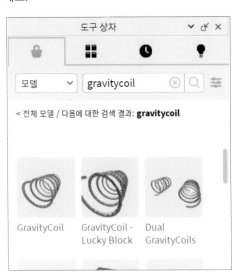

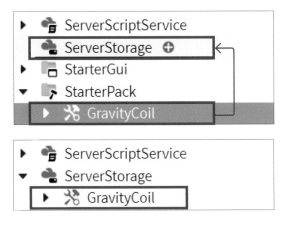

11 **ServerStorage**의 아이템을 스크립트에서 찾아줍니다.

```
if success == true and gamepassID == 201075007 then
    game.ServerStorage.GravityCoil
end
```

◆ game.ServerStorage.를 쓴 후 추가한 아이템의 이름(GravityCoil)을 대/소문자를 구별하여 그대로 적으면 됩니다.

12 찾아준 아이템은 **Clone( )** 함수로 복제해줍니다.

```
if success == true and gamepassID == 201075007 then
    game.ServerStorage.GravityCoil:Clone()
end
```

13 **복제본의 Parent**를 플레이어의 인벤토리로 설정해주면, 복제본은 플레이어의 인벤토리 안으로 이동하게 됩니다.

```
if success == true and gamepassID == 201075007 then
    game.ServerStorage.GravityCoil:Clone().Parent =
end
```

14 테스트를 실행하면 **Players** 안에 플레이어 개체가 있고, 플레이어 안에는 **Backpack**과 **StarterGear**가 있습니다.

🔳 Backpack은 인벤토리 역할을 하는데, 캐릭터 사망 시 아이템이 사라지는 문제가 있습니다. 그래서 StarterGear에 아이템을 넣어줄 겁니다. 여기 넣은 아이템은 캐릭터가 리스폰할 때마다 Backpack에 자동으로 추가해주어, 캐릭터가 사망해도 아이템이 사라지지 않게 합니다.

15 **player**의 **StarterGear** 안에 복제본을 넣어줍니다.

```
3    ▾ MarketplaceService.PromptGamePassPurchaseFinished:Connect(function(player, game
4    ▾     if success == true and gamepassID == 201075007 then
5              game.ServerStorage.GravityCoil:Clone().Parent = player.StarterGear
6          end
7      end)
```

16 **player**의 **Backpack**에도 복제본을 넣어줍니다.

```
if success == true and gamepassID == 201075007 then
    game.ServerStorage.GravityCoil:Clone().Parent = player.StarterGear
    game.ServerStorage.GravityCoil:Clone().Parent = player.Backpack
end
```

🔳 StarterGear는 어디까지나 리스폰할 때 인벤토리를 채워주는 것이지, 이미 스폰된 캐릭터의 인벤토리를 채워주지는 않습니다. 그래서 Backpack(인벤토리)에도 직접 아이템을 넣어주는 것이 좋습니다.

2) 게임패스 구매한 사람이 접속할 때 아이템 지급

앞서 작성한 코드는 게임패스를 게임 안에서 구매했을 때만 아이템을 줄 뿐, 게임패스를 이전에 구매해서 소유하고 있는 사람이 접속했을 때는 주지 못합니다.

그래서 이번에는 앞서 작성한 것에 이어서, 게임에 새 플레이어가 들어왔을 때 게임패스를 소유하고 있으면 아이템을 주는 코드를 작성해보겠습니다.

01 **PlayerAdded** 이벤트를 찾습니다.

```
9    game.Players.PlayerAdded
```

🔳 이 이벤트는 게임에 새 플레이어가 들어왔을 때 트리거됩니다.

02 PlayerAdded 이벤트를 **함수와 연결**합니다.

```
9    ▾ game.Players.PlayerAdded:Connect(function()
10
11     end)
```

03 함수의 인자로 들어온 플레이어(player)가 전달됩니다.

```
 9  ┌game.Players.PlayerAdded:Connect(function(player)
10
11   end)
```

04 특정 플레이어가 게임패스를 소유하는지는 **UserOwnsGamePassAsync( )** 함수로 알아낼 수 있습니다.

```
 9  ┌game.Players.PlayerAdded:Connect(function(player)
10       MarketplaceService:UserOwnsGamePassAsync()
11   end)
```

◪ User, Owns, Game, Pass, Async 순으로 적으면 됩니다.

05 괄호에는 플레이어의 유저 아이디(UserId)와 게임패스의 애셋 ID를 적으면 됩니다.

```
 9  ┌game.Players.PlayerAdded:Connect(function(player)
10       MarketplaceService:UserOwnsGamePassAsync(player.UserId, 201075007)
11   end)
```

◪ UserId의 U와 I는 대문자로 입력해주세요.

06 이것을 조건문으로 처리합니다. 플레이어가 게임패스를 소유하는 경우, 조건문 안의 내용이 실행됩니다.

```
 9  ┌game.Players.PlayerAdded:Connect(function(player)
10  ┌    if MarketplaceService:UserOwnsGamePassAsync(player.UserId, 201075007) then
11
12       end
13   end)
```

07 게임패스를 막 구매한 경우처럼 게임패스를 이미 구매한 경우에도 아이템을 지급해주면 됩니다. 5~6번째 줄에서 적은 코드를 그대로 복사해서 붙여넣습니다.

```
 3  ┌MarketplaceService.PromptGamePassPurchaseFinished:Connect(function(player, game
 4  ┌    if success == true and gamepassID == 201075007 then
 5           game.ServerStorage.GravityCoil:Clone().Parent = player.StarterGear
 6           game.ServerStorage.GravityCoil:Clone().Parent = player.Backpack
 7       end
 8   end)
 9  ┌game.Players.PlayerAdded:Connect(function(player)
10  ┌    if MarketplaceService:UserOwnsGamePassAsync(player.UserId, 201075007) then
11           game.ServerStorage.GravityCoil:Clone().Parent = player.StarterGear
12           game.ServerStorage.GravityCoil:Clone().Parent = player.Backpack
13       end
14   end)
```

08 테스트해보면 중앙 아래에 아이템이 들어와있습니다.

▲ 아이템을 장비한 모습

💠 게임 제작자는 게임패스를 자동으로 소유하게 되어있으므로
아이템이 지급됩니다.

09 아이템 구매를 테스트해보고 싶을 땐 **게임 설정**부터 변경해주어야 합니다. **보안** 탭에서 **제삼자 판매 허용**을 켜
주세요.

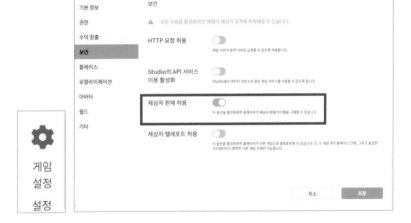

10 **클라이언트 및 서버 테스트**를 실행합니다.

11 아이템 구매 버튼을 누르면 **구매 확인** 창이 나타
납니다.

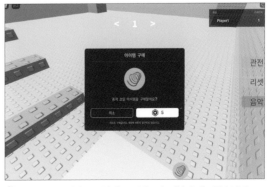

💠 테스트 구매이므로 실제로 로벅스가 지불되지는 않습니다.

12 구매 버튼을 누르고 확인 버튼을 누르면 아이템이 인벤토리에 추가됩니다.

13 테스트가 끝났다면 **제삼자 판매 허용**은 다시 꺼주세요.

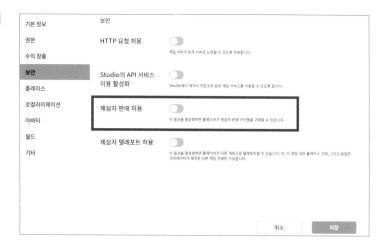

주의 제삼자 판매 허용에 관해

제삼자 판매를 허용하면 다른 사람이 만든 게임패스 등의 제품도 본인의 게임에서 판매가 가능하게 됩니다. 악의적으로 도구 상자 모델에 판매 스크립트를 숨겨서 제작자 몰래 플레이어에게 강제로 제품을 구매하게 유도하는 문제가 발생하자, 로블록스에서 제삼자 판매를 불가능하게 만들었습니다. 게임 설정에서 따로 허용해주어야만 판매가 가능하죠.

원래는 이 설정을 활성화하지 않아도 본인이 만든 게임패스는 본인의 게임에서 판매가 가능해야 합니다. 그러나 스튜디오 테스트에서는 버그 때문에 판매가 불가능합니다. 그래서 어쩔 수 없이 테스트할 때만 판매를 허용한 겁니다.

도네이션 버튼 만들기

이번에는 게임패스와 달리, 여러 번 구매 가능한 제품을 만들어보겠습니다. 게임을 즐겨준 플레이어들이 제작자에게 로벅스 후원을 해줄 수 있는 버튼을 만들 겁니다.

01 상단 메뉴 홈 탭에서 게임 설정으로 이동한 후 수익 창출 탭에서 개발자 제품 항목에서 만들기 버튼을 클릭합니다.

게임
설정
설정

02 스크롤을 내려보면 개발자 제품이 생성되었습니다.

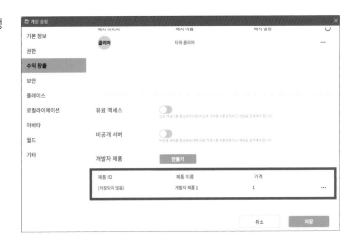

03 점 3개 아이콘을 클릭하고 편집 버튼을 누릅니다.

04 **이름**과 **가격**을 정한 후 **저장** 버튼을 누릅니다.

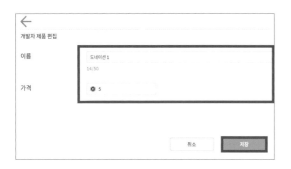

05 **수익 창출** 탭으로 돌아오면 개발자 제품의 이름과 가격이 정해졌고, 왼쪽에는 제품 ID도 지정된 것이 보입니다.

06 **점 3개 아이콘**을 클릭하고 **ID를 클립보드로 복사**합니다. 복사한 아이디는 메모장 등에 붙여둡니다.

07 이제 버튼을 만듭니다. **탐색기**에서 **StarterGui** 안에 **ScreenGui**를 추가합니다.

08 ScreenGui의 이름을 **Donation**으로 짓고 그 안에 **TextButton**을 추가합니다.

09 **TextButton**의 속성을 다음과 같이 설정합니다.

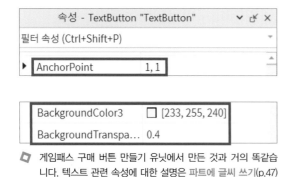

Position	{0.63, 0},{1, 0}
Rotation	0
Size	{0.06, 0},{0.06, 0}
SizeConstraint	RelativeXX

Text	도네이션
TextBounds	64, 24.6667
TextColor3	■ [0, 0, 0]
TextFits	☑
TextScaled	☑

🔹 게임패스 구매 버튼 만들기 유닛에서 만든 것과 거의 똑같습니다. 텍스트 관련 속성에 대한 설명은 파트에 글씨 쓰기(p.47)를 참조해주세요.

10 TextButton 안에 UICorner라는 개체를 추가합니다.

11 CornerRadius를 적당히 큰 수로 설정해줍니다.

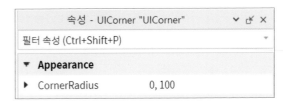

12 화면 오른쪽 아래 부근에 **도네이션** 버튼이 만들어졌습니다.

> 이전 유닛에서 만든 쉬프트락이나 게임패스 구매 버튼이 있다면 나란히 서 있는 모습일 겁니다.

13 TextButton 안에 **로컬 스크립트**를 추가합니다.

14 게임패스 구매 버튼에 쓰인 스크립트와 거의 똑같습니다. 먼저 **MarketplaceService**를 불러옵니다.

```
1    local MarketplaceService = game:GetService("MarketplaceService")
```

> MarketplaceService는 제품 판매를 관리하는 서비스입니다.

15 Players를 구합니다.

```
1    local MarketplaceService = game:GetService("MarketplaceService")
2    local Players = game.Players
```

16 Players 개체의 **LocalPlayer** 속성을 통해 플레이어 본인을 구합니다.

```
1    local MarketplaceService = game:GetService("MarketplaceService")
2    local Players = game.Players
3    local LocalPlayer = Players.LocalPlayer
```

17 아랫줄에는 **TextButton(script.Parent)**을 눌렀을 때의 이벤트와 함수를 연결해줍니다.

```
5   ▾ script.Parent.Activated:Connect(function()
6
7     end)
```

18 1번째 줄에서 구한 **MarketplaceService**에서 **PromptProductPurchase( )** 함수를 부릅니다.

```
5   ▾ script.Parent.Activated:Connect(function()
6       MarketplaceService:PromptProductPurchase()
7     end)
```

◆ Prompt, Product, Purchase 순으로. 각 단어의 앞글자는 대문자로 입력해주세요.

◆ PromptProductPurchase( ) 함수는 개발자 제품을 구매하게 하는 함수입니다. 참고로 이 함수는 2) 구매 버튼 만들기의 13(p.227)에서 사용한 PromptGamePassPurchase( ) 함수와는 다릅니다.

19 플레이어 자신 그리고 앞서 메모한 게임패스 ID를 함수의 인자로 넣습니다.

```
5   ▾ script.Parent.Activated:Connect(function()
6       MarketplaceService:PromptProductPurchase(LocalPlayer, 1573217886)
7     end)
```

20 완성된 도네이션 버튼 스크립트입니다.

```
1   local MarketplaceService = game:GetService("MarketplaceService")
2   local Players = game.Players
3   local LocalPlayer = Players.LocalPlayer
4
5   ▾ script.Parent.Activated:Connect(function()
6       MarketplaceService:PromptProductPurchase(LocalPlayer, 1573217886)
7     end)
```

21 테스트에서 **도네이션** 버튼을 누르면 다음과 같이 아이템 구매 창이 나타납니다.

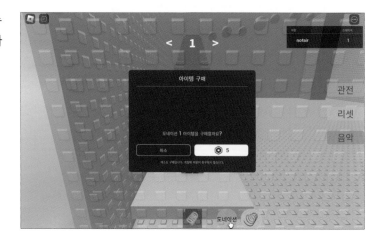

22 개발자 제품도 게임패스처럼 이미지를 설정할 수 있습니다. 게임 아이콘의 **점 3개 아이콘**을 클릭하고 **게임 구성**으로 들어갑니다.

23 왼쪽의 **관련 아이템** 탭으로 들어갑니다.

24 **개발자 상품** 카테고리로 이동하면 앞서 만든 개발자 제품을 찾을 수 있습니다. 아이콘을 클릭해주세요.

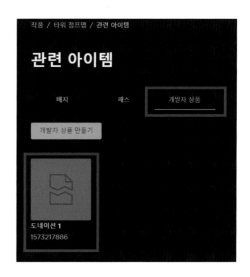

25 아이콘 기본 설정 창에서 이미지 변경과 설명 추가 등이 가능합니다. 수정 작업을 마쳤으면 **변경 사항 저장** 버튼을 눌러 저장합니다.

26 다시 **테스트**해보면 개발자 제품 구매 창에도 이미지가 적용됩니다.

◆ 이미지가 적용될 때까지 시간이 조금 걸립니다. 아직 나타나지 않는다면 기다려주세요.

스테이지 스킵 버튼 만들기

이번 유닛은 **스테이지 이동 GUI 만들기**(p.99)와 이어지며, 앞서 학습한 3. 도네이션 버튼 만들기와 같이 **개발자 제품**을 사용합니다.

아직 **스테이지 이동 GUI 만들기** 유닛을 학습하지 않았다면, 최소한 **2) 스테이지 기록하기**(p.101)까지 진행하고 와주세요. 도네이션 버튼 만들기 유닛도 한번 참고해보면 좋습니다.

01 상단 메뉴 **홈** 탭의 **게임 설정**으로 이동한 후 **수익 창출** 탭에서 **개발자 제품** 항목의 **만들기** 버튼을 클릭합니다. 그러면 새 개발자 제품에 대한 정보가 추가될 겁니다.

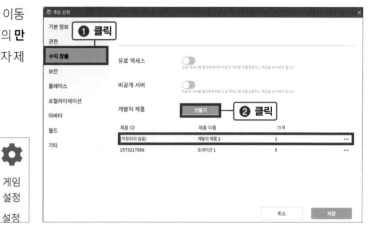

02 추가된 제품을 표시한 줄에서 **점 3개 아이콘**을 클릭하고 **편집**을 선택합니다.

03 제품의 이름, 가격을 작성한 다음 오른쪽 아래의 **저장** 버튼을 누릅니다.

04 이름과 가격이 적용된 것을 볼 수 있습니다. 다시 한번 **점 3개 아이콘**을 다시 클릭하고 **ID를 클립보드로 복사**를 선택합니다.

복사한 ID는 메모장 등에 붙여넣어 기록해주세요.

05 스테이지 스킵 버튼을 만들겠습니다. **StarterGui**에 **ScreenGui**를 추가해주세요.

06 **ScreenGui**의 이름을 **StageSkip**으로 수정하고 그 안에 **TextButton**을 추가합니다.

07 **TextButton**의 속성은 아래와 같이 수정합니다.

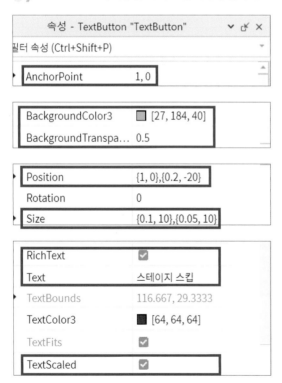

08 **TextButton** 안에 **UICorner** 개체를 추가합니다.

그러면 화면은 다음과 같은 모습일 겁니다.

09 TextButton 안에 **로컬 스크립트**를 추가합니다.

10 버튼을 눌렀을 때 게임패스를 구매하게 하는 코드를 작성해보겠습니다. 먼저 **MarketplaceService**를 불러옵니다.

```
1    local MarketplaceService = game:GetService("MarketplaceService")
```

🔷 MarketplaceService는 제품 판매를 관리하는 서비스입니다.

11 **Players**를 구하고 이를 통해서 플레이어 본인(LocalPlayer)을 구합니다.

```
1    local MarketplaceService = game:GetService("MarketplaceService")
2    local Players = game.Players
3    local LocalPlayer = Players.LocalPlayer
```

12 버튼을 눌렀을 때(Activated) 이벤트를 함수와 연결해줍니다.

```
5    ▸ script.Parent.Activated:Connect(function()
6
7      end)
```

13 함수 안에선 **MarketplaceService**에 **PromptProductPurchase** 함수를 불러, 개발자 제품을 구매하게 합니다.
괄호 안에는 플레이어 본인(LocalPlayer)과 개발자 제품 ID를 넣습니다.

```
5    ▸ script.Parent.Activated:Connect(function()
6      MarketplaceService:PromptProductPurchase(LocalPlayer, 1573260155)
7      end)
```

🔷 앞서 복사한 새 개발자 제품 ID를 입력하면 됩니다.

14 도네이션 버튼을 만들 때는 제품 구매만 하면 끝이었지만, 이번에는 구매했을 때 스테이지 스킵이라는 보상을 주어야 합니다.
따라서 **ServerScriptService**에 **스크립트**를 추가하여 구매에
대한 처리를 할 겁니다.

15 이번에도 **MarketplaceService**와 **Players**를 구해줍니다.

```
1    local MarketplaceService = game:GetService("MarketplaceService")
2    local Players = game.Players
```

🔖 앞서 진행한 **10~11**번 설명을 참조해주세요.

16 **MarketplaceService**에서 **ProcessReceipt**을 찾습니다.

```
1    local MarketplaceService = game:GetService("MarketplaceService")
2    local Players = game.Players
3
4    MarketplaceService.ProcessReceipt
```

🔖 ProcessReceipt를 이용하여 제품 구매에 대한 처리를 할 겁니다.

17 **ProcessReceipt**에 빈 함수를 지정해줍니다. 이때 괄호에 인자로 **receipt**가 들어옵니다.

```
4    MarketplaceService.ProcessReceipt = function(receipt)
5
6    end
```

🔖 여기서 receipt는 일종의 구매 영수증 정보입니다.

18 **receipt**에서 **PlayerId** 그리고 **ProductId**를 가져옵니다.

```
4    MarketplaceService.ProcessReceipt = function(receipt)
5        local userId = receipt.PlayerId
6        local productId = receipt.ProductId
7    end
```

🔖 PlayerId는 구매자의 아이디 정보이고 ProductId는 구매한 제품 아이디 정보입니다.

19 구매자의 아이디를 통해 **Players**에서 구매자 플레이어를 찾습니다. 이때 **GetPlayerByUserId( )** 함수를 이용합니다.

```
4    MarketplaceService.ProcessReceipt = function(receipt)
5        local userId = receipt.PlayerId
6        local productId = receipt.ProductId
7
8        local player = Players:GetPlayerByUserId(userId)
9    end
```

🔖 Get, Player, By, User, Id 순으로 입력하면 됩니다.

20 서버 내에 플레이어가 존재하는 경우에만 진행하도록 조건문을 달아줍니다.

```
8          local player = Players:GetPlayerByUserId(userId)
9          if player then
10
11         end
12     end
```

21 이제부터의 작업의 성공 여부를 기록할 변수(success)를 하나 준비해줍니다.

```
8          local player = Players:GetPlayerByUserId(userId)
9          if player then
10             local success
11         end
12     end
```

22 구매한 제품 아이디가 자신이 만든 개발자 제품의 ID와 일치하는지 확인합니다.

```
10             local success
11             if productId == 1573260155 then
12
13             end
```

🔖 앞서 04에서 복사해서 메모해두었던 ID입니다

23 아이디가 맞다면 플레이어의 리더보드 폴더(leaderstats)를 찾아줄 겁니다. 리더보드가 없는 경우도 발생할 수 있으니 **FindFirstChild( )** 함수로 찾습니다.

```
11             if productId == 1573260155 then
12                 local leaderstats = player:FindFirstChild("leaderstats")
13             end
```

🔖 FindFirstChild() 함수를 사용함으로써 leaderstats 폴더가 존재하지 않아도 에러가 발생하지 않게 됩니다.
🔖 F. F. C는 대문자로 입력해주세요.

24 리더보드 폴더(leaderstats)가 존재할 때만 다음으로 진행합니다.

```
11             if productId == 1573260155 then
12                 local leaderstats = player:FindFirstChild("leaderstats")
13                 if leaderstats then
14
15                 end
16             end
```

25 이번에는 리더보드 안에 스테이지 값을 기록한 개체를 찾아줄 겁니다.

```
11         if productId == 1573260155 then
12             local leaderstats = player:FindFirstChild("leaderstats")
13             if leaderstats then
14                 local stage = leaderstats:FindFirstChild()
15             end
16         end
```

26 테스트를 실행하고, 플레이어의 스테이지 리더보드 이름을 확인하세요.

27 FindFirstChild( ) 함수를 이용하여 **"스테이지"** 이름 그대로 찾습니다.

```
11         if productId == 1573260155 then
12             local leaderstats = player:FindFirstChild("leaderstats")
13             if leaderstats then
14                 local stage = leaderstats:FindFirstChild("스테이지")
15             end
16         end
```

28 스테이지 개체의 **Value** 속성에 현재 스테이지 번호가 저장됩니다. 우리는 플레이어를 다음 스테이지로 이동 시켜야 하므로 값에 **1**을 더해주었습니다.

```
13             if leaderstats then
14                 local stage = leaderstats:FindFirstChild("스테이지")
15                 local nextStage = stage.Value + 1
16             end
```

29 이렇게 구한 스테이지 번호를 바탕으로 **Spawns** 폴더에서 다음 체크 포인트를 찾아줄 겁니다.

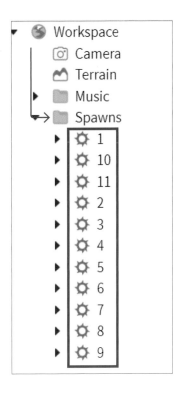

30 ❶ **FindFirstChild( )** 함수로 다음 스테이지(nextStage)를 찾습니다. 이렇게 스테이지 번호와 이름이 일치하는 체크포인트를 찾아서 ❷ **nextCheckpoint**라는 변수에 결과를 저장합니다.

```
13  ·if leaderstats then
14      local stage = leaderstats:FindFirstChild("스테이지")
15      local nextStage = stage.Value + 1
16      local nextCheckpoint = workspace.Spawns:FindFirstChild(nextStage)
17  end
```

31 이때 **stage.Value + 1**한 값은 숫자 형식인 반면, 체크포인트의 이름은 문자열 형식입니다. 따라서 둘의 형식을 하나로 통일하기 위해 **tostring** 함수를 사용합니다.

```
13  ·if leaderstats then
14      local stage = leaderstats:FindFirstChild("스테이지")
15      local nextStage = tostring(stage.Value + 1)
16      local nextCheckpoint = workspace.Spawns:FindFirstChild(nextStage)
17  end
```

🗝 tostring( )은 숫자를 문자열로 변환해주는 함수로, tonumber( )와 반대격입니다. tonumber( )에 대한 자세한 설명은 p.103의 **NOTE**를 참조해주세요.

32 체크포인트가 존재하는 경우에만 다음으로 진행합니다.

```
16              local nextCheckpoint = workspace.Spawns:FindFirstChil
17    ▾         if nextCheckpoint then
18
19              end
20          end
```

33 찾은 체크포인트로 플레이어의 리스폰 지점을 설정합니다.

```
17    ▾         if nextCheckpoint then
18                  player.RespawnLocation = nextCheckpoint
19              end
```

34 그리고 플레이어를 리스폰시킵니다. 이렇게 플레이어를 다음 스테이지로 이동시켰습니다.

```
17    ▾         if nextCheckpoint then
18                  player.RespawnLocation = nextCheckpoint
19                  player:LoadCharacter()
20              end
```

35 작업이 성공했음을 나타내기 위해 success 변수에 true를 기록합니다.

```
17    ▾         if nextCheckpoint then
18                  player.RespawnLocation = nextCheckpoint
19                  player:LoadCharacter()
20                  success = true
21              end
```

36 지금까지 쓴 함수 내용입니다. 여기까지 잘 따라왔는지 점검해보고 다음으로 넘어갑니다.

```
 4   MarketplaceService.ProcessReceipt = function(receipt)
 5       local userId = receipt.PlayerId
 6       local productId = receipt.ProductId
 7
 8       local player = Players:GetPlayerByUserId(userId)
 9       if player then
10           local success
11           if productId == 1573260155 then
12               local leaderstats = player:FindFirstChild("leaderstats")
13               if leaderstats then
14                   local stage = leaderstats:FindFirstChild("스테이지")
15                   local nextStage = tostring(stage.Value + 1)
16                   local nextCheckpoint = workspace.Spawns:FindFirstChild(nextStage)
17                   if nextCheckpoint then
18                       player.RespawnLocation = nextCheckpoint
19                       player:LoadCharacter()
20                       success = true
21                   end
22               end
23           end
24       end
25   end
```

37 성공 여부를 확인하는 조건문을 24~26번 줄에 추가해줍니다.

```
 9       if player then
10           local success
11           if productId == 1573260155 then
12               local leaderstats = player:FindFirstChild("leaderstats")
13               if leaderstats then
14                   local stage = leaderstats:FindFirstChild("스테이지")
15                   local nextStage = tostring(stage.Value + 1)
16                   local nextCheckpoint = workspace.Spawns:FindFirstChild(nextStage)
17                   if nextCheckpoint then
18                       player.RespawnLocation = nextCheckpoint
19                       player:LoadCharacter()
20                       success = true
21                   end
22               end
23           end
24           if success then
25
26           end
27       end
28   end
```

38 구매 작업이 성공했다면(success가 true 값이라면) 구매가 승인되었다는 결과를 내보냅니다.

```
24           if success == true then
25               return Enum.ProductPurchaseDecision.PurchaseGranted
26           end
```

◆ Enum을 쓰고 Product, Purchase, Decision을 연달아 쓴 다음, 마지막으로 Purchase와 Granted를 쓰면 됩니다.

39 한편, 구매 작업 중 하나라도 제대로 진행되지 않았다면 Not Processed Yet이라는 결과를 내보냅니다. 이러한 경우에는 플레이어가 나중에 다시 접속했을 때 구매 작업을 재시도하게 됩니다.

```lua
24              if success == true then
25                  return Enum.ProductPurchaseDecision.PurchaseGranted
26              end
27          end
28          return Enum.ProductPurchaseDecision.NotProcessedYet
29      end
```

40 완성된 스테이지 스킵 버튼 스크립트입니다.

```lua
4  MarketplaceService.ProcessReceipt = function(receipt)
5      local userId = receipt.PlayerId
6      local productId = receipt.ProductId
7
8      local player = Players:GetPlayerByUserId(userId)
9      if player then
10         local success
11         if productId == 1573260155 then
12             local leaderstats = player:FindFirstChild("leaderstats")
13             if leaderstats then
14                 local stage = leaderstats:FindFirstChild("스테이지")
15                 local nextStage = tostring(stage.Value + 1)
16                 local nextCheckpoint = workspace.Spawns:FindFirstChild(nextStage)
17                 if nextCheckpoint then
18                     player.RespawnLocation = nextCheckpoint
19                     player:LoadCharacter()
20                     success = true
21                 end
22             end
23         end
24         if success == true then
25             return Enum.ProductPurchaseDecision.PurchaseGranted
26         end
27      end
28      return Enum.ProductPurchaseDecision.NotProcessedYet
29  end
```

41 이제 **테스트**를 해봅시다. 스테이지 스킵 아이템을 구매했을 때

순식간에 2스테이지로 이동된다면 성공입니다.

로블록스 스튜디오 TIP! 도구 상자에서 개발자 제품 서버 스크립트 가져오기

이번 유닛에서 만든 서버 스크립트는 '개발자 제품 서버 스크
립트'라는 이름으로 도구 상자에도 올려두었으니 필요하면 가
져와서 참고해보세요.
스크립트 11번 줄의 **if productId == 1573260155 then** 부분
만 **본인의 제품 ID로 교체**하면 됩니다.

부록

PART 04

지난 파트에서 우리는 게임에 생동감을 더해줄 다양한 요소들을 만들고 수익을 창출하는 방법을 알아보았습니다. 지금까지 배운 내용을 잘 따라왔다면 여러분만의 멋진 타워맵이 만들어졌을 겁니다.

이번 파트에서는 타워맵의 완성도를 높여주는 작지만 실용적인 팁, 그리고 로블록스 게임 제작을 더 깊게 배우고 싶은 분들을 위한 학습 자료 및 커뮤니티를 안내합니다.

Contents ▶▶▶

PART 04 미리보기

알아두면 편리한 팁과 참고하면 좋을 학습 자료들을 소개합니다.

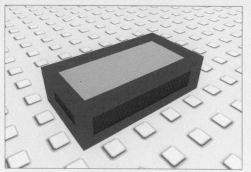

▲ 파트 테두리

```
25
26    local Data = DataManagerModule:GetData(player)
27    repeat
28        task.wait()
29        Data = DataManagerModule:GetData(player)
30    until Data
31    stage.Value = Data.Stage
32    player.RespawnLocation = workspace.Spawns[tostring(stage.Value)]
33    player:LoadCharacter()
34    end)
35
```

▲ 스테이지 저장 스크립트

노페어
@nofair 구독자 1.25만명 · 동영상 463개
로블록스 스튜디오 강좌들을 꾸역꾸역 올리고 있습니다. >

구독

홈   동영상   SHORTS   라이브   재생목록   커뮤니티   채널   정보

[로블록스 스튜디오] 게임 만들기 처음부터! - 게임제작일지#1
조회수 121,272회 · 1년 전
로블록스 게임 만드는 법

브금정보
Track : Ordinary bgm 4
Music by : 디클로피아, 브실골(브금실력은골드)
Music provided by : 디클로피아, 브실골(브금실력은골드)
Watch link : https://youtu.be/IpRgdMwg6EE...
자세히 알아보기

◀ 작가 유튜브 채널

◀ 개발자 문서

기타 팁

알아두면 편리한 부가 기능

CHAPTER 10

1 파트 그림자 및 테두리 만들기

파트의 그림자를 없애고 테두리 선을 추가하는 방법을 알아봅시다.

1) 파트 그림자 지우기

01 타워를 만들다 보면 세운 구조물 아래로 그림자가 생길 수 있습니다.

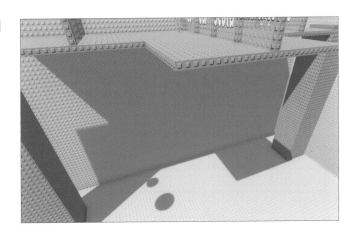

02 탐색기에서 **Lighting** 개체를 찾아 **GlobalShadows** 속성을 해제하면 모든 그림자를 없앨 수 있습니다.

속성 - Lighting "Lighting"	∨ ⫇ ×
필터 속성 (Ctrl+Shift+P)	
EnvironmentSpecular...	0
GlobalShadows	☐
OutdoorAmbient	■ [128, 128, 128]
ShadowSoftness	0.2

2) 파트 테두리 넣기

01 **탐색기**에서 **파트**에 마우스 커서를 가져다 대면 **십자 버튼**이 나타납니다.

02 버튼을 클릭하면 나타나는 창에서 **SelectionBox**를 검색합니다.

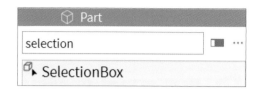

03 파트에 **SelectionBox** 개체를 추가합니다.

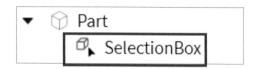

04 SelectionBox의 **Adornee** 속성을 파트로 설정합니다.

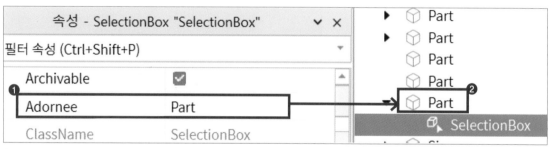

◇ **Adornee** 속성을 클릭하고 탐색기에서 해당 파트를 클릭하면 됩니다.

05 그러면 다음과 같이 파트에 테두리 선이 생깁니다.

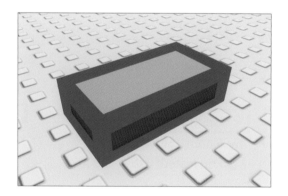

SelectionBox에는 테두리의 외형에 관련한
속성이 있습니다. 어떤 것들을 설정할 수 있
는지 한번 살펴볼까요?

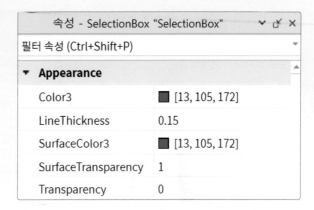

- **Color3**: 테두리 색깔을 설정합니다.
- **LineThickness**: 테두리선 두께를 설정합니다.
- **SurfaceColor3**: 파트 표면에 입혀지는 색깔입니다(파트가 보이는 경우).
- **SurfaceTransparency**: 파트 표면에 입혀지는 색깔의 투명도입니다. 기본값은 1이라 보이지 않는데 숫자를
  내려 보이게 할 수 있습니다.
- **Transparency**: 테두리 선의 투명도입니다.

2 리스폰 시간 줄이기

플레이어가 리스폰하는 시간을 줄이는 방법을 알아봅시다.

01 탐색기에서 **Players** 개체를 찾습니다.

02 **RespawnTime** 속성값을 바꿉니다. 기본값은 5
로, 리스폰까지 5초를 기다리게 합니다. 이 값을 0으로
설정하면 캐릭터가 곧바로 리스폰합니다.

③ 캐릭터끼리 통과되게 하기

캐릭터가 서로 맞닿았을 때 충돌하지 않고 통과하도록 만들어봅시다.

01 **도구 상자**에서 **캐릭터 충돌**이라고 검색하면 **캐릭터 충돌 해제** 스크립트가 나옵니다. 이 스크립트를 가져오시면 됩니다.

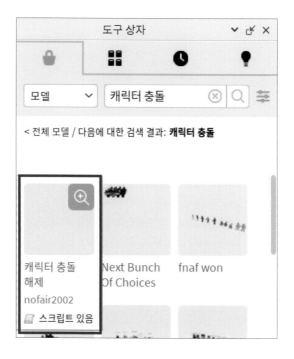

02 **스크립트**는 기본적으로 Workspace 안에 추가되는데, 가능하면 **ServerScriptService** 안에 넣는 편이 좋습니다.

스테이지 저장 스크립트 만들기

스테이지를 저장하도록 만들어봅시다.

01 **도구 상자**에 **스테이지 저장 스크립트**를 검색해서 가져와주세요.

스테이지 이동 GUI 만들기(p.99)에서 소개한 리더보드 스크립트에 데이터 저장 모듈이 추가된 구조입니다.

02 스테이지 이동 GUI 만들기(p.99)의 리더보드 스크립트와 거의 비슷하지만, 스크립트 맨 위와 맨 아래에 데이터 저장 관련 내용이 조금 추가되었습니다. (아래 표시한 부분 참조)

```
1  local DataManagerModule = require(script.DataManager)
2
3  game.Players.PlayerAdded:Connect(function(player)
```

```
22          end
23        end)
24      end)
25
26      local Data = DataManagerModule:GetData(player)
27      repeat
28          task.wait()
29          Data = DataManagerModule:GetData(player)
30      until Data
31      stage.Value = Data.Stage
32      player.RespawnLocation = workspace.Spawns[tostring(stage.Value)]
33      player:LoadCharacter()
34
35      stage.Changed:Connect(function()
36          if stage.Value > Data.Stage then
37              DataManagerModule:UpdateData(player, "Stage", stage.Value)
38              DataManagerModule:SaveData(player)
39          end
40      end)
41  end)
42
```

더 배우고 싶다면?

다양한 학습 자료와 커뮤니티

CHAPTER 11

1 참고 도서

타워를 만들며 건축과 스크립트 작성의 기초 지식을 탄탄하게 쌓고 싶다면 다음 도서를 추천합니다.

《로블록스 게임 제작 점프맵 만들기》는 로블록스 게임 개발을 처음 시작하는 분을 대상으로 한 로블록스 게임 제작 입문서로, 이 책의 이전 편이라 보시면 됩니다.

이름에 있는 그대로 점프맵을 주제로 다루는데, 점프맵은 다른 게임 장르에 비해 만들기 쉬워서 처음 게임을 만드는 분들이 도전해보면 좋습니다. 흥미를 잃지 않고 재밌게 즐기며 게임을 만들고 코딩 기초를 배움으로써 프로그래밍 입문에도 도움이 되도록 구성하였습니다.

《로블록스 게임 제작 점프맵 만들기》의 주요 구성

1. 점프맵에 들어가는 다양하고 특이한 파트
미끄러지는 파트, 밧줄에 매달려 흔들거리는 파트, 빙글빙글 도는 파트 등을 직접 만들어봅니다. 이 파트들은 다른 장르의 게임에도 활용할 수 있습니다.

2. Lua 언어를 이용한 스크립트 작성
전통적인 프로그래밍 언어의 작성 방법과 흐름은 우리가 생각하는 순서와는 많이 다릅니다. 이 점 때문에 프로그래밍 입문자들이 어려움을 느끼고 포기하기도 하는데요. 위 책에서 다룰 Lua 언어는 기존 프로그래밍 언어에 비해 사용하기 쉽고 직관적인 작성법을 가져 프로그래밍 입문에 도움을 줄 것입니다. 스크립트를 처음 작성하는 방법부터 시작하므로 부담감 없이 프로그래밍 기초를 배워볼 수 있습니다.

2 작가 유튜브 채널

제 유튜브 채널입니다. 스크립트 기초, 데이디 저장, 도어즈 등 여러 강좌들을 무료로 볼 수 있습니다. 책에 담지 못한 이야기를 영상으로 만나보세요! 특히 스크립트 기초강좌 시리즈를 보고 온다면 책 내용을 이해하는 것이 훨씬 수월해질 겁니다.

[작가의 유튜브 채널 링크] youtube.com/@nofair

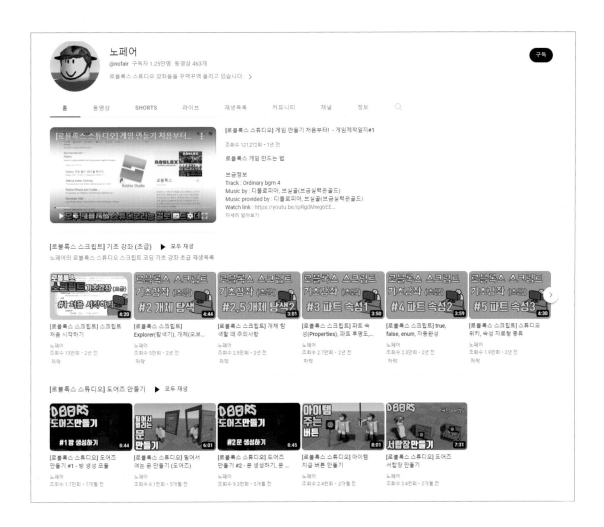

❸ 로블록스 공식 개발자 문서

로블록스 공식 개발자 문서입니다. 로블록스 스튜디오의 모든 개체, 서비스, 스크립트 정보, 강좌 등이 이 곳에 다 모여 있습니다.

[로블록스 공식 개발자 문서 링크] create.roblox.com/docs

로블록스 공식 개발자 문서를 검색하는 방법을 간단히 알려드리겠습니다. 예를 들어 파트에 관한 문서를 원한다면 아래와 같이 탐색하면 됩니다.

01 **로블록스 공식 개발자 문서**(create.roblox.com/docs)에 접속합니다.

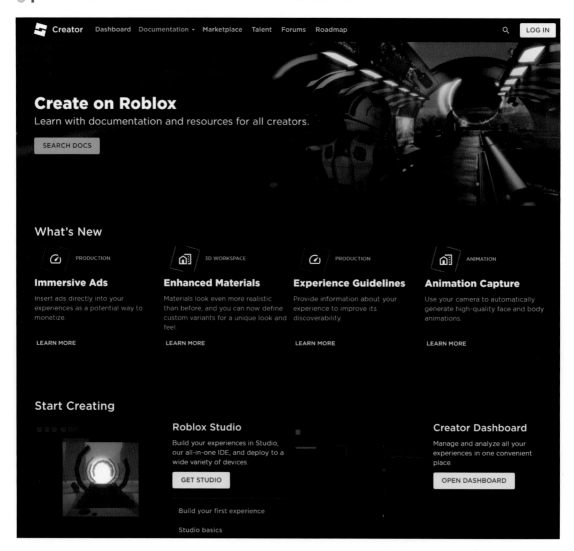

02 페이지의 오른쪽 위에 보이는 **돋보기 아이콘**을 클릭한 다음 **part**라고 검색합니다.

03 그러면 파트에 관한 문서들을 찾아볼 수 있습니다.

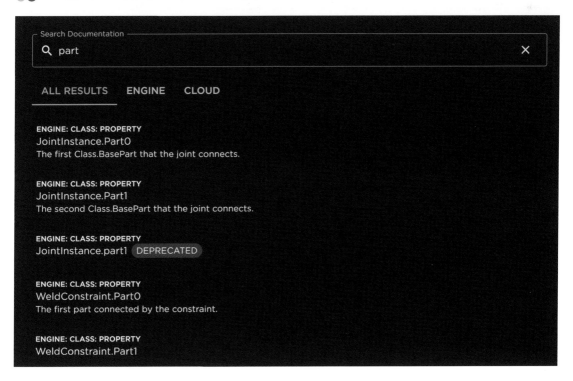

04 스크롤을 내려서 파트 클래스에 관한 문서를 찾아 클릭해봅니다.

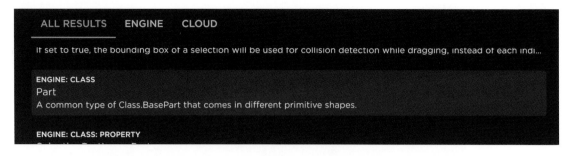

05 파트에 관한 설명과 예제 코드 등이 적혀있습니다.

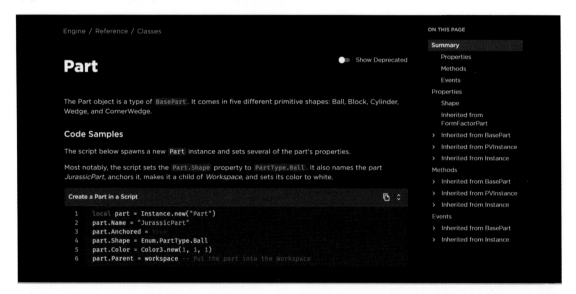

06 그리고 화면 오른쪽에는 파트의 모든 속성/함수/이벤트 목록도 확인할 수 있습니다. 이 중에서 원하는 항목을 클릭하면 그에 관한 간단한 설명과 예제 코드 등을 볼 수 있습니다. 예를 들어 BrickColor 속성을 선택해보겠습니다.

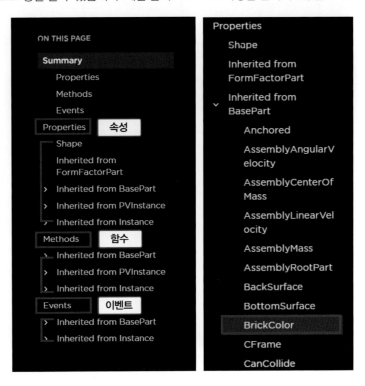

07 BrickColor 속성에 대한 설명과 코드 예시가 나옵니다.

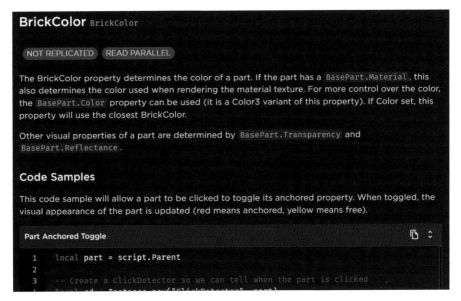

NOTE 속성명 옆의 파란색 글자는 무엇일까요?

속성명 옆의 파란색 글자는 속성값의 자료형을 나타냅니다. 이
글자를 클릭하면 그 자료형에 관한 문서로 이동되며, 어떤 형식
(종류)의 값이 이 속성값에 쓰이는지 알 수 있습니다.

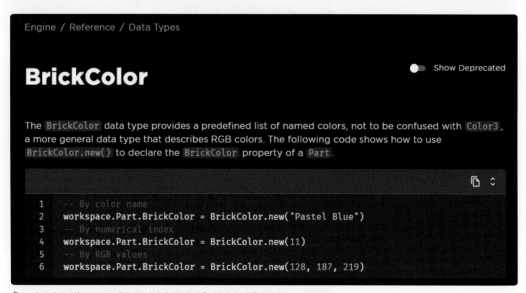

파란색 글자(BrickColor)를 클릭하면 위와 같은 화면이 나옵니다

◢ 로블록스 공식 개발자 포럼

로블록스 공식 개발자 포럼, 영어로는 Developer Forum 또는 Dev Forum(데브 포럼)이라고도 부릅니다. 이곳에서는 로블록스 게임 엔진과 스튜디오 관련 업데이트 공지를 빠르게 확인할 수 있고, 전 세계 로블록스 게임 개발자들의 질문과 답변, 강좌, 게임 개발 관련 토론, 구인구직 등 다양한 정보를 찾아볼 수 있습니다.

[로블록스 공식 개발자 포럼 링크] devforum.roblox.com

로블록스 계정으로 로그인한 후, 일정 시간 이상 사이트를 이용하면 본인이 직접 질문 글을 올릴 수도 있습니다. 게임을 만들다가 막히는 부분이 있을 때, 궁금한 점이 생겼을 때 찾아보면 좋습니다.

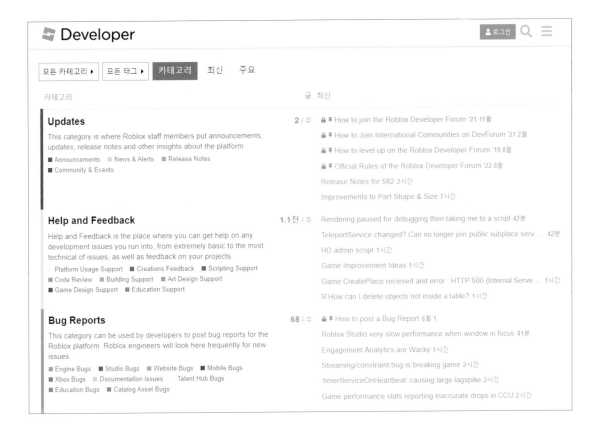

5 국내 로블록스 개발 커뮤니티

로블록스 공식 개발자 포럼에 영어로 질문을 올리는 것이 어렵다면, 국내 로블록스 개발자들의 도움을 받는 편이 도움이 됩니다. 아래는 국내 로블록스 개발자들을 위한 네이버 카페입니다.

[로블록스 개발자 커뮤니티 카페 링크] cafe.naver.com/robloxstudio

6 이 책의 게임을 직접 플레이하기

이 책을 따라하며 만든 게임을 로블록스에서 직접 만나볼 수 있습니다! 모든 모델, GUI, 스크립트가 책에 나온 그대로 구현되었고, 게임 복사를 허용해두었기에 스튜디오에서 게임을 편집할 수 있습니다.

게임을 편집하는 방법은 다음과 같습니다.
아래 링크로 들어가서 점 3개 아이콘을 누르고 **Studio에서 편집**을 클릭해주세요. 그러면 스튜디오에서 게임을 편집할 수 있습니다!

[타워 점프맵 게임 링크] roblox.com/games/13171561703/unnamed

1판 1쇄 인쇄 2023년 8월 20일
1판 1쇄 발행 2023년 8월 25일
—

지 은 이 노페어(Nofair)
발 행 인 이미옥
발 행 처 디지털북스
정　　가 23,000원
등 록 일 1999년 9월 3일
등록번호 220-90-18139
주　　소 (04997) 서울 광진구 능동로 281-1 5층(군자동 1-4, 고려빌딩)
전화번호 (02)447-3157~8
팩스번호 (02)447-3159
—

ISBN 978-89-6088-433-5 (93000)
D-23-10

DIGITAL BOOKS
디지털북스